Heinz Hanewinkel

Bergische Wanderwege

Heider Verlag Bergisch Gladbach

Die Deutsche Bibliothek – CIP-Einheitaufnahme

Hanewinkel, Heinz:
Bergische Wanderwege / Heinz Hanewinkel. – Bergisch Gladbach:
Heider, 1997

ISBN 3-87314-320-8

ISBN 3-87314-320-8

Herstellung:
Heider Druck GmbH Bergisch Gladbach

Fotographie:
Heinz Hanewinkel

Vorwort

Das Bergische Land ist ein Teil des früheren Herzogtums Berg. Nach Westen hin läuft es in der Rheinebene aus; weiter ostwärts wird es dagegen von zahlreichen Bergkuppen eines anmutigen Hügellandes geschmückt, in dem zahlreiche Täler eingebettet sind. Dort findet man überall im Land Schlösser und Burgen, Dome und Kirchen, schwarz-weiße Fachwerkhäuser und einzelne Gehöfte, oft sogar noch aus der Zeit des 12. bis 18. Jahrhunderts. Und dazwischen liegen viele „blaue Augen" verstreut: die hübschen Talsperren. Immerhin ist das bergische Gebiet zu einem wahren „Ländchen der blauen Stauseen" geworden, denn kein Landstrich unserer Erde besitzt heute so viele dieser künstlichen Seespiegel auf engsten Raume wie gerade das Bergische Land.

Die landschaftlich so reizvollen Talsperren stellen ein ideales Wandergebiet dar, aber auch so manche bergische Sehenswürdigkeit lädt zu einem längeren Spaziergang ein: ob sonnige Berghöhen oder alte Mühlen, Museumsbahnen, Höhlen, Burgen oder Schlösser. Überall wandert man durch das herrliche Grün der Wiesen und Wälder, die ein feines Wandergebiet schaffen. So sollen diese ausgewählten Wanderungen durchs Bergische Land zu einem ganz besonderen Erlebnis werden. Fast alle Wanderungen liegen innerhalb des 1973 geschaffenen „Naturparks Bergisches Land".

Bergisch Gladbach, im März 1997

Das Titelbild stellt den Wipperkotten zwischen Leichlingen und Solingen dar.

Inhalt

Zum Wipperkotten und Rüdenstein

Der Wipperkotten zwischen Leichlingen und Solingen – auf einer kleinen Insel in der Wupper gelegen – entstand um 1600 als bergischer Schleifkotten. Er ist der letzte Doppelkotten von ehemals 26 seiner Art an der unteren Wupper. Auch heute noch wird hier mit Wasserkraft das Mühlrad angetrieben. Durch private Initiative wurde die geschichtlich bedeutsame Kottenanlage im Jahre 1955 restauriert und unter Denkmalschutz gestellt. Zwei Wasserräder, unabhängig voneinander, drehen sich wie ehedem zwischen den beiden historischen Gebäuden. Das zur Wupperinsel gelegene Rad wurde 1966 neu erbaut. Mit seinen 32 Schaufeln leistet es bis zu 42 PS und hat einen Durchmesser von 4,20 m. In dem Kotten befindet sich ein kleines Schleifer-Atelier, das samstags und sonntags besichtigt werden kann.

Geschichtlich bedeutsam ist aber auch unser 4 km entferntes Wanderziel, der „Rüdenstein". Das Denkmal, das einst von dem Grafen von Berg zu Ehren des treuen Rüden errichtet und 1924 erneuert wurde, erinnert immerhin an eine wahre mittelalterliche Begebenheit. Diese ist zwar am Denkmal nicht niedergeschrieben, aber noch heute im „Gasthaus Rüdenstein" an der Wand des Saales festgehalten:

> „In der Weihnachtszeit des Jahres 1424 ritt Herzog Robert von Schloß Burg in die Wälder, um zu jagen. Da sah der Herzog einen kapitalen Hirsch und jagte ihm nach. Bei Schnee und Kälte war er bald verschwunden ... Als sein Troß schon auf dem Heimweg war, kam sein Rüde, der ebenfalls den Hirsch gehetzt hatte, allein zurück, bellte und winselte und zog den Jägern so heftig an den Mänteln, daß sie eilig folgten. Sie fanden den Herzog, blutend und halb erfroren unter einem steilen Felsen. Sein Pferd war gestürzt, der Hirsch war entkommen, und hätte sein Rüde nicht die Jäger alarmiert, er hätte nicht mehr lange gelebt!"

Als er wieder genesen war, ließ er dem Hund ein Denkmal setzen – mitten im Wald – auf einer Felsklippe über der Wupper.

Wandervorschlag: Länge: 9 km
Reine Gehzeit: 2 bis $2^1/_2$ Std.
Ausgangspunkt: Wanderparkplatz Wipperaue

Gleich hinter dem Gasthaus Wipperaue zweigt der Wanderweg „A 3" zum Wipperkotten ab. Das schöne, hell verglaste Fachwerkgebäude dient heute längst nicht mehr nur als Schleifkotten. Es bildet sicherlich aber einen großartigen Auftakt für unsere Wanderung durch die Wipperauen zum Rüdenstein. Das sich am Kotten stark verengende Tal der Wupper strahlt dabei für eine ganze Weile einen besonders lieblichen Reiz aus und wird obendrein noch von dem gewaltigen Rauschen eines Stauwehres erfüllt.

Auf einem schönen Wiesenauenweg kommen wir bald zum Waldrand. Nach 1/4 Std. treten die Wupper-Berge leicht zurück, und wir kommen nach Friedrichsaue. Auf einem Sträßchen wandern wir geradeaus weiter wupperaufwärts nach Friedrichsthal; dort schwenken wir rechts ab Richtung Rüden. Wir folgen dem Dorfsträßchen geradeaus weiter zum „Gasthaus Rüdenstein". Dort beginnt die „Flanier-Meile"; ein Wiesenweg im Tal der Wupper, der uns bis zum alten Ziegelsteinbau des Oberrüdener Kotten leitet.

Das „Rüdenstein"-Denkmal steht aber erst jenseits der Wupper, auf einer Felsklippe oberhalb des Flusses, der hier abermals von Waldbergen gesäumt wird. Hinter dem Kotten gelangen wir über eine schmale Eisenbrücke ans

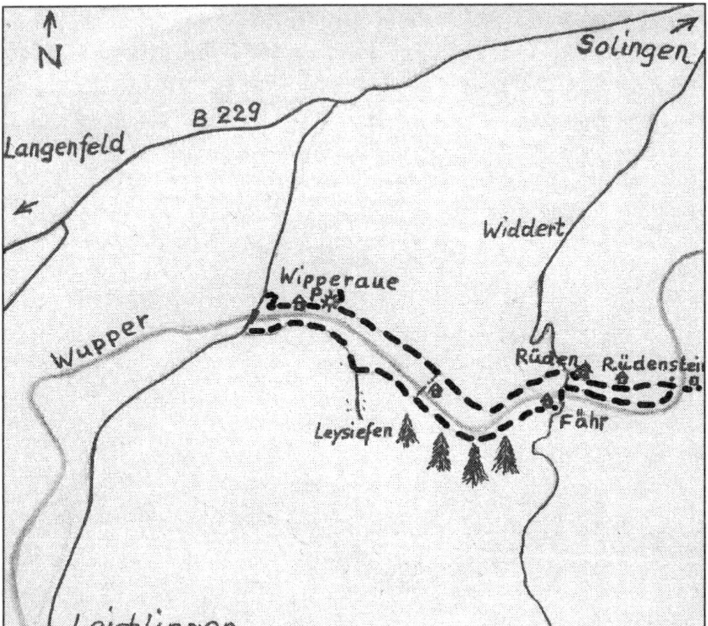

jenseitige Wupperufer und steigen rasch noch den Waldhang empor zum Denkmal. Vor uns steht der große steinerne Rüde auf einem hohen Sockel.

Für den Rückweg wählen wir gleich hinter dem Wupperbrückchen den Uferwiesenweg und kommen alsbald zurück zum „Haus Rüdenstein". Dann wandern wir weiter am Wupperufer entlang bis zum „Ausflugslokal Fähr", wo wir (nun links) auf einer Brücke erneut die Wupper überqueren und danach gleich rechts abbiegen, um auf einem schattigen Weg am Waldrand entlang weiter wupperabwärts zu ziehen. Am Gasthaus „Friedrichsaue" bleiben wir weiterhin links der Wupper, kommen bald am archäologischen Denkmal „Zoppes Mur" (Ringwall einer ehemaligen Burganlage) vorbei und erreichen schließlich den Rand der kleinen Ortschaft Leysiefen. Nach einem Rechtsbogen nähern wir uns rasch wieder der Wupper. Bald schon zeigt sich genau gegenüber der Wipperkotten von seiner schönsten Seite . . . Wir wandern am Fluß entlang weiter bis zur Brücke bei Haasenmühle. Auf der anderen Wupperseite schreiten wir dann zurück nach Wipperaue. Links der Straße führt uns dabei auf dem letzten Wegstück ein kleiner Waldpfad zum Parkplatz zurück.

Anfahrt: Wipperaue / Wipperkotten zwischen Leichlingen und Solingen im Bergischen Land. BAB Köln–Oberhausen, Abfahrt Solingen–Langenfeld oder von der Bergischen Autobahn über Schloß Burg zu erreichen.

Einkehrmöglichkeiten: Gasthaus „Rüden", Gasthaus „Fähr", Gasthaus „Rüdenstein", Gasthaus „Friedrichsaue" und Gasthaus „Wipperaue".

Auf den Spuren der „Bergischen Museumsbahn“

Diese Wanderung führt uns in das Landschaftsschutzgebiet des Kaltenbachtales; ein stilles, naturbelassenes Bergtal zwischen Solingen und Wuppertal. In diesem fürs Bergische Land so typischen Waldtal befanden sich einst allein sechs Hammerwerke mit Wasserrädern. Und eine „Straßenbahn“ führte am Berghang des Tales hinauf nach Cronenberg.

Einer der Hämmer, der im Jahre 1755 errichtete „Manuelskotten“, ist uns bis heute geblieben; er steht mit seiner gesamten Ausstattung unter Denkmalschutz. In diesem lieblichen, waldumsäumten Bergtälchen können wir an einigen wenigen Wochenenden im Jahr aber auch noch die „Bergische Straßenbahn“ bewundern. Quietschend kriecht sie auf der rund 3 km langen Strecke von der Kohlfurther Brücke (im Tal der Wupper) nach Cronenberg hinauf. Die Museums-Triebwagen haben immerhin einen Höhenunterschied von 153 m zu bewältigen, so daß die Trassenführung fast der einer Gebirgsbahn gleicht. Aber das Tal lockt auch zum Wandern! Denn ein Rundweg führt nicht nur an den Stätten der einstigen Kotten vorüber, sondern verläuft zum Teil auch parallel der Museums-Bahnlinie wieder zurück zum Ausgangspunkt.

Es ist eine Wanderung durch die bergische Vergangenheit; eine Tour, auf der man heute noch sowohl an die vielen Schleifkotten mit ihren riesigen Wasserrädern als auch an die längst zur Geschichte gewordene Straßenbahn im Bergischen Land erinnert wird.

Die erste Bahn in dieser Region verkehrte seinerzeit noch als „Pferdebahn“ auf Gleisen am 10. April 1874 zwischen Elberfeld und Barmen. Einige steile Bergtäler erforderten damals aber auch spezielle Schmalspurlinien. Die erste dieser „Meterspurbahnen“ dampfte ab 1890 von Wermelskirchen nach Burg.

Auch die heutige „Museumsbahn“, einst ein Teil der Verbindung zwischen Wuppertal und Solingen, gehörte zu den bergischen Spezialstrecken. Sie war 1914 von der „Barmer Bergbahn“ gebaut worden und bis 1969 in Betrieb. Heimatfreunde schafften 1992 mit der Eröffnung des „Museumsbähnle“ ein echtes bergisches Erinnerungsstück. Wir durchwandern auf ihren Spuren ein großartiges Bergtal voll ursprünglicher bergischer Natur – wo die Wälder noch rauschen, die Mühle noch klappert und die Bäche über unzählige Felsklippen springen.

Wandervorschlag: Länge: 7 km
Reine Gehzeit: 2 Std.
Ausgangspunkt: Kohlfurther Brücke

Zentraler Ausgangspunkt für die Wanderung ins Kaltenbachtal ist die altehrwürdige „Kohlfurther Brücke" zwischen Solingen und Cronenberg. Ab hier folgen wir zunächst dem Fußweg der Kohlfurther Straße, am „Strandcafé" vorbei, in Richtung Unterkohlfurth. Nach knapp 5 Min. passieren wir das Sträßchen „Am Schütt", das (linker Hand) den Bahndamm tunnelartig unterquert. Hier zweigen wir links ab und wandern auf dem asphaltierten Talweg sachte bergan zum „Kaltenbacher Hammer".

Danach nimmt uns die Natur gefangen – und binnen weniger Minuten kommen wir zum „Kaltenbacher Kotten" (im Volksmund meist „Manuelskotten" genannt). Bis heute werden hier noch von einem Schleifer Cuttermesser geschliffen. Es ist der letzte bergische Kotten überhaupt, in dem sich ein voll funktionstüchtiges Wasserrad mit Fliehkraftgenerator befindet. Das 12speichige Rad besitzt einen Durchmesser von 7 m. Wirklich ein lebendiges

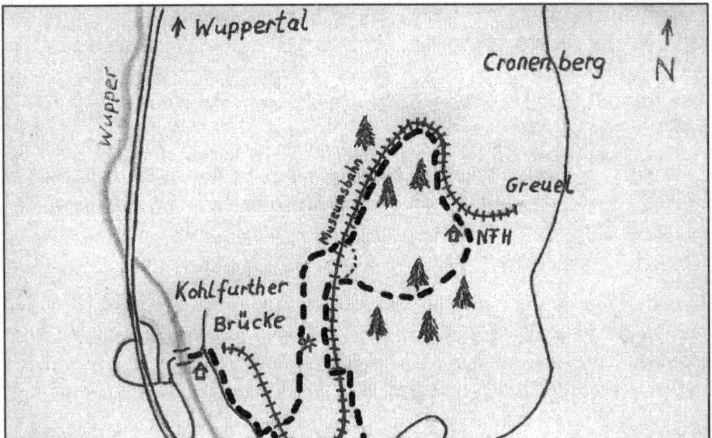

Museum, das uns Einblicke in die Arbeitswelt der bergischen Kleineisenindustrie vermittelt.

Links am kleinen Stauteich des Kottens vorbei gelangen wir auf breitem Wege rasch weiter talaufwärts. Mehrere kleine Fischteiche kommen dabei unterwegs zum Vorschein, dann erreichen wir den Platz der ehemaligen Sensenschmiede „Friedrichshammer". Erste Erwähnungen gehen bis ins 17. Jahrhundert zurück. Er wurde jedoch 1919 stillgelegt und anschließend dem Verfall überlassen.

Durch das immer enger werdende Tal führt uns der Weg anschließend steil bergauf zum Straßenbahn-Haltepunkt. Hier kann man den Rundweg abbrechen und auf einem Waldpfad, meist parallel der Bahnlinie, zurückwandern. Man kann aber auch vom Haltepunkt, der auf einem hohen Damm liegt, weil hier die Bahn von der rechten auf die linke Talseite wechselt, bequem weiterwandern. Durch Wald kommt man, rechts des Schienenstranges, rasch hinauf in den Talschluß des Kaltenbachtales und gelangt nach einem weiten Rechtsbogen – stets entlang der Bahntrasse – zu den wenigen Häusern von Greuel. Kurz unterhalb liegt in aussichtsreicher Lage das Naturfreundehaus „Am Hülsberg".

Hinter dem Haus führt uns ein Wiesenpfad wieder ins bewaldete Kaltenbachtal zurück zum „Halt Friedrichshammer". Dort überschreiten wir nun die Geleise, laufen rechts neben der Trasse kurz über einen Hügel und wandern dann eine ganze Weile immer an der Strecke entlang. Erst am Haltepunkt „Petrickshammer" überschreiten wir den Schienenstrang wieder nach links, stapfen kurz bergauf und verlieren kurzzeitig die Bahnlinie aus den Augen. Denn diese führt hier nun durch einen tiefen Einschnitt im Berg zügig abwärts, während wir noch eine Weile hoch am Hang des Kaltenbachtales dahinschlendern, bald darauf aber dafür um so steiler hinabsteigen nach Unterkohlfurth. Bei den ersten Häusern rechts abbiegend, kommen wir wieder zur Bahnlinie. Wir folgen ihr nun nochmals vom Haltepunkt „Schulkohlfurth" auf einem geteerten Weg (links des Schienenstranges) weiter abwärts zur Unterführung „Am Schütt" und zurück zum Ausgangspunkt.

Anfahrt: Von Solingen-Mitte über B 229 Richtung Remscheid bis Müngsten; hinter der Wupperbrücke links ab Richtung Wuppertal bis Abfahrt Solingen-Kohlfurth.

Einkehrmöglichkeiten: Naturfreundehaus „Am Hülsberg", „Strandcafé" Kohlfurth.

Sehenswert: Manuelskotten und Bahnmuseum.
Fahrtage der Bahn: unter Tel.: 02 02/43 10 47.

Große Wanderrunde um das „Biotop" Kleine Dhünn

Diese kleine Talsperre ist ein liebliches, waldumschlungenes Biotop mit einem 120 m langen Staudamm am Oberlauf des Quellflüßchens „Kleine Dhünn". Das 900 m lange und bis zu 150 m breite Staubecken wurde durch Einbauten und Inselchen so gestaltet, daß sich ein landschaftlich sehr schönes Biotop mit den besten Voraussetzungen für den Schutz heimischer Pflanzen- und Tierarten entwickeln konnte.

Rings um das 10,6 ha große Gewässer findet man im wesentlichen geschlossene Hangwälder vor, die zu einem großen Teil aus Erlen- und Strauchweidengehölz bestehen. Sie allein stellen schon einen bedeutenden Lebensraum für viele Tiere und Pflanzen dar. Des weiteren erfüllen die Laub- und Mischwälder auch vielfältige Schutzfunktionen im Wasser- und Klimahaushalt des Talsperrengebietes. Für das Biotop wurden allein 18 500 qm Gehölz und 2 500 qm Wasserpflanzen angelegt.

Das Landschaftsbild rund um die Vorsperre wird vor allem durch die für das Bergische Land so charakteristischen Siefen und kleinen Bachtäler geprägt. Allseits fließen die Quellbäche von den Höhen steil herab in das 0,43 Mio. cbm fassende Staubecken. Vor allem die Siefen von Kleineledder, der recht hohe Wiesenrücken von Ober-Berg und das verträumte Großleddertälchen führen hier zu einem stark ausgeprägten Relief.

Aufgrund ihres Biotopcharakters mit verwaisten Ufern, sieben kleinen Inselchen und sumpfigen Randgebieten gewinnt die kleine Talsperre aber auch als Rast- und Überwinterungsplatz für Zugvögel zunehmend an Bedeutung.

Die Wanderwege an der Vorsperre wurden so angelegt, daß das Biotop zwar eingesehen, jedoch die Uferstreifen kaum betreten werden können. Die Randwege sind zumeist durch schwere Eisentore verschlossen. Aber ein neu angelegter Rundweg führt im großen Bogen – und im steten Auf und Ab – durch Wälder, Felder und Wiesen in 2 Std. um die ganze Vorsperre herum. Und führt auch über den 14 m hohen Staudamm hinweg. So lernt man im Bereich der 120 m langen Dammkrone und an einem kurzen Uferstück doch die landschaftliche Schönheit des verträumten Biotops kennen.

Wandervorschlag: Länge: 8 km
Reine Gehzeit: 2 bis $2^1/_2$ Std.
Ausgangspunkt: Wanderparkplatz „Dahl" bei Dabringhausen-Grunewald.

Schräg gegenüber vom Wanderparkplatz führt linker Hand ein Feldweg (Tafel „Pilghausen/Vorsperre Kleine Dhünn – Staudamm") durch die Wiesen abwärts. Schon bald passiert er die ehemalige Ortschaft „Dahl", sie ist dem Talsperrenbau „geopfert" worden. Lediglich Reste von Treppen sind noch sichtbar. Nach einer $^1/_4$ Std. Gehzeit ist die kleine Vortalsperre dann bereits erreicht.

Am Damm-Brückchen schlagen wir nun den linken Weg (Zeichen O = Kreis) ein, der uns ein kurzes Stück am Ufer entlangführt. Doch schon nach ca. 100 m verläßt unser Wanderweg (O) das Talsperrengebiet wieder, denn der Uferweg ist wenig später durch ein Eisentor abgeriegelt. Dem Wegzeichen O folgen wir daher linker Hand kurz ins Ledderbachtälchen hinein, zweigen alsbald aber rechts ab, überschreiten den Bach und steigen dann am Rande des

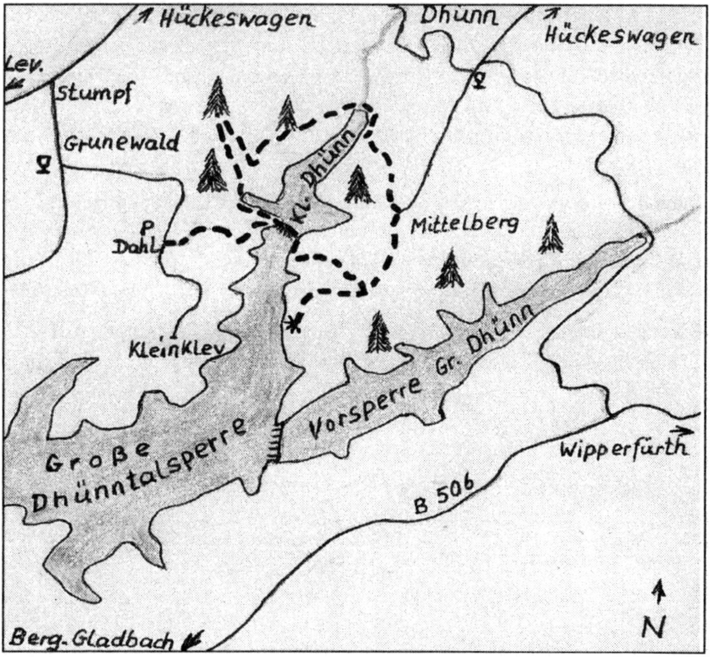

Tälchens durch Wald stetig bergauf. Nach einer großen Kehre verflacht der Weg und zieht schließlich am Rande einer Lichtung, später durch ein Spalier von Fichten wieder abwärts.

An einem Rastplatz (mit Bänken und Tischen) erblickt man wieder den blanken Wasserspiegel der Vorsperre. In wenigen Minuten gelangen wir anschließend vollends hinunter zum Zulauf; dort wechseln wir über ein Brückchen der Kleinen Dhünn auf die andere Talseite hinüber und nähern uns der Ortschaft Oberpilghausen. Kurz vor den ersten Häusern biegen wir jedoch erneut rechts ab (wir verlassen hier das Zeichen O) und steigen auf einem Feldweg stetig aufwärts zur Ortschaft Ober-Berg. Der Rundweg beschreibt dabei abermals einen großen Bogen um das stille Gewässer, da drunten in Pilghausen der Uferrandweg ebenfalls durch ein Eisentor verschlossen ist. In Ober-Berg treffen wir auf ein schmales Asphaltsträßchen, dem wir rechter Hand über den aussichtsreichen Wiesenhöhenrücken von Mittel-Berg nach Unter-Berg folgen. Dort biegen wir dann ein letztes Mal rechts ab und folgen der Wegtafel am Rande von Wiesen und Gebüsch wieder abwärts zum Staudamm der Vorsperre. Unterwegs kommen wir dabei an einem schönen Aussichtspunkt (Blick zur Großen Dhünntalsperre) vorüber.

Über den 120 m langen Steinschüttdamm wechseln wir dann zu guter Letzt nochmals die Talseite und stoßen an der Dammbrücke alsbald wieder auf unseren Hinweg. Auf ihm gelangen wir in 20 Min. mit dem Zeichen O wieder bergauf zurück zum Wanderparkplatz „Dahl", unweit der Ortschaft Klein-Klev.

Anfahrt: Von Wermelskirchen oder von Altenberg nach Dabringhausen. Von Dabringhausen-Stumpf fahren wir anschließend nach Grunewald, biegen dort hinter der Kirche links ab und folgen der Straße in Richtung Klein-Klev noch 1,5 km bis zum Wanderparkplatz „Dahl" (an der rechten Straßenseite).

Einkehrmöglichkeit: Am Wege keine; lediglich an der Anfahrtsstraße das Gasthaus „Grunewald" / „Zur Bergischen Schnitzelpfanne" (gegenüber der Grunewalder Kirche).

Ins idyllische Murbachtal zur Talsperre Diepental

Die kleine Talsperre Diepental zwischen Leichlingen und Bergisch Neukirchen erschließt den schönsten Teil des idyllischen Murbachtals und schafft ein herrliches Wandergebiet am Fuße des Bergischen Landes.

Der kleine Stausee dient nicht der Trinkwasserversorgung und eignet sich seit vielen Jahren ideal zum Rudern und Tretbootfahren.

Ursprünglich war der See jedoch nach der Jahrhundertwende erbaut worden, um die Wasserkraft des Murbaches zur Stromgewinnung zu nutzen. Schon 1903 wurde damit begonnen, den Damm für die Talsperre aufzuschütten. Als „Planierraupe" diente damals eine große Schafherde – mit Erfolg: Noch vor wenigen Jahren bestätigten Techniker die ungewöhnliche Festigkeit des Bauwerks.

1951 verkaufte der Erbauer der Talsperre, August Halbach, das Leitungsnetz zur Stromerzeugung an das RWE. Der Strom wird hier noch heute von zwei Turbinen produziert und ins RWE-Netz eingespeist.

Aus Nordrhein-Westfalens einziger privater Talsperre, die lieblich zwischen den Waldhöhen schlummert, wurde hingegen ein immer beliebteres Ausflugsziel.

Der Stausee wird von einem Mitteldamm in zwei Seehälften getrennt, die nur durch ein schmales Brückchen miteinander verbunden sind.

So kann der Wasserdruck auf den Hauptdamm sehr vermindert werden. Denn im Gegensatz zu allen anderen Talsperren des Bergischen Landes besitzt die Sperre Diepental weder eine Mauerkrone noch einen Damm mit Betonkern. Lediglich ein begrünter Erddamm aus Ton staut das Wasser des Murbachs auf. Aus diesem Grund muß von Zeit zu Zeit der Wasserablauf technisch überprüft werden. Dazu wird dann ein Großteil des aufgestauten Wassers alle paar Jahre abgelassen.

Bei der letzten Wartung der Dammröhre kamen auf dem Grund des Sees auch zwei Tresore zum Vorschein – allerdings steckte in keinem der Stahlschränke noch Bares. Wohl aber fand die Polizei in einem von ihnen Geschäftsunterlagen, die auf einen zwei Jahre zurückliegenden Einbruch hinwiesen.

Wandervorschlag: Länge: 3 km und 2 km
Reine Gehzeit: ³/₄ Std. und ¹/₂ Std.
Ausgangspunkt: Gasthaus „Diepental"

Zu dieser Rundwanderung folgt man vom großen Ausflugslokal (mit schöner Seeterrasse und Bootsanlegestelle) zunächst dem Mitteldamm und schreitet über die Talsperrenbrücke zur Pattscheider Straße.

Sie führt ein Stück am See entlang, so daß wir ihr bis zu den ersten Häusern der kleinen Ortschaft Höltgestal treu bleiben. Dort zweigt rechts der abgeschrankte Seerundweg ab (Zeichen A 2) und leitet uns stets am Ufer der Talsperre entlang zum Staudamm bei Rosenthal.

Hier hat man die Möglichkeit, die Rundwanderung etwas zu verlängern, indem man nicht sogleich über den Damm auf das jenseitige Ufer hinüberwechselt, sondern an dem nun vor uns liegenden Gehöft vorüber noch ein kurzes Stück ins Murbachtal absteigt. Vor dem Stauteich wechseln wir dann jedoch auf die andere Talseite hinüber und kommen schließlich durch ein

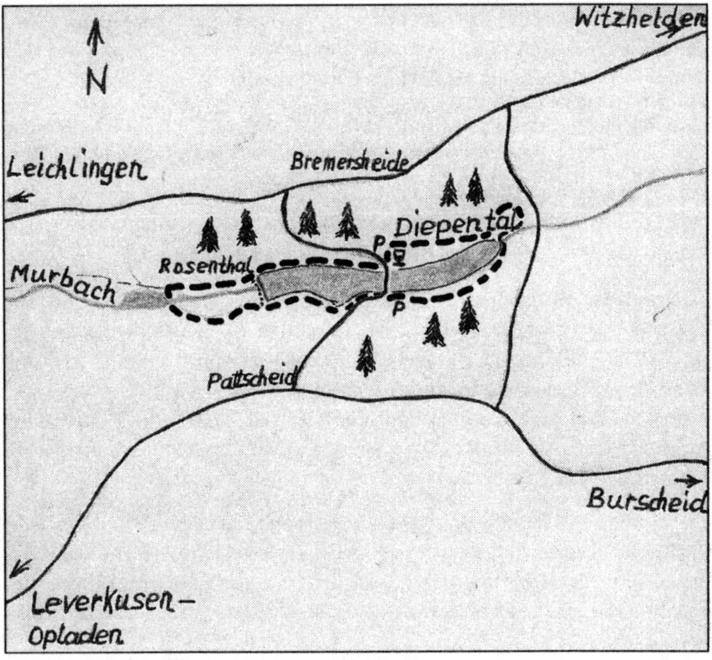

liebliches Pappelwäldchen wieder rasch bergauf zum Staudamm der Talsperre.

Auf dem nun folgenden Uferrandweg als auch von der Dammhöhe selbst genießt man die schönsten Ausblicke auf den Stausee. Eine schmale lichte Baumreihe begrenzt den Wegrand und gibt fast ständig den Blick auf die Wasserfläche frei, die an schönen warmen Sommerwochenenden von zahlreichen bunten Booten bevölkert wird (3 km/45 Min.).

Nach Rückkehr zum Talsperrengasthaus läßt sich auch noch der östliche Seebereich umwandern. Mit dem Wegzeichen A 3 führt dazu vom Mitteldamm zunächst ein Waldweg am Rand der Talsperre entlang, leitet hinter dem Seezufluß dann aber in einem großen Bogen um den gesamten Campingplatz herum. Erst hinter den Fischteichen, kurz vor der „Grünscheider Mühle", können wir linker Hand das Murbachtal verlassen und auf einem Hangweg durch ein kleines Wäldchen in einem großen Linksbogen wieder zum Talsperrengasthaus zurückgelangen (2 km/30 Min.).

Anfahrt: Von der Landstraße Leichlingen-Witzhelden kurz vor Bremersheide abzweigen nach Diepental oder ab BAB-Abfahrt Burscheid in Richtung Leverkusen-Opladen fahren und in Pattscheid dann rechts abzweigen nach Diepental.

Einkehrmöglichkeit: Gasthaus „Diepental".

Von Glüder nach Schloß Burg

In beherrschender Lage thront Schloß Burg malerisch auf einem steil aufragenden Bergvorsprung über dem engen Tal der Wupper. Es war lange Zeit Mittelpunkt des Bergischen Landes und gilt heute noch als das Wahrzeichen dieses Gebietes. Von 1133 bis zum Ende des 15. Jahrhunderts diente das Schloß dem bergischen Adelsgeschlecht als Residenz. Dann „versank" es in Trümmern, doch als „Bergisches Nationaldenkmal" entstand das Schloß wieder aus den Ruinen. Ursprünglich war es 1133 nach dem Vorbild einer Burgfestung als Sitz der Grafen von Berg erbaut worden. Von dem bergischen Adel erhielt das gesamte Gebiet fortan auch seinen Namen, und noch heute stellt das Bergische Land deren früheren Herrschaftsbereich dar.

Seine Blütezeit erlebte das Bauwerk bereits unter Engelbert II., der von 1218–1225 nicht nur auf Schloß Burg residierte, sondern gleichzeitig auch Erzbischof von Köln war. Mit ihm ging eigentlich auch schon die große Zeit der Grafen von Berg zu Ende. Doch erst nach 1551 verlor die Burganlage so sehr an Bedeutung, daß sie langsam zerfiel. Und nach dem 30jährigen Krieg war sie schließlich vollkommen ramponiert . . .

Doch dann regte Ende des 19. Jahrhunderts der Fabrikant Julius Schumacher den Wiederaufbau der Ruine an. Dieser Plan wurde in den Jahren 1889–1914 nach den alten Skizzen durchgeführt, wobei unter Erhaltung noch bestehender Burggemäuer soweit wie möglich der alte Zustand des Schlosses wiederhergestellt wurde. Seither zählt Schloß Burg zu den interessantesten Ausflugs- und Wanderzielen im Bergischen Land. In den Innenräumen des Schlosses ist heute das „Bergische Museum" untergebracht. Ein Besuch wird dort zu einem Gang durch die Kulturgeschichte; ob Möbel oder Standuhren, Steingutzeug oder mittelalterliche Ritterausrüstungen – hier ist von unseren Vorfahren noch alles zu besichtigen. Und so ist Schloß Burg heute nicht nur berühmt wegen seiner Brezeln!

Wandervorschlag: Länge: 9 km
Reine Gehzeit: 2½ Std.
Ausgangspunkt: Wanderparkplatz Glüder

Unsere Wanderung beginnt neben dem „Ausflugslokal" im Tal der Wupper, zwischen Solingen und Witzhelden. Hinter der dortigen Wupperbrücke folgen wir (links) dem Waldsträßchen am Flußlauf entlang bis zum Wasserwerk

Strohn. Dort verlassen wir dann das Wupperufer, biegen rechts ab und wandern fortan auf dem „Lucasweg“ durch Wald leicht aufwärts. Dem Weg stets geradeaus folgend, kommen wir durch schönen Tannenhochwald auf freie Hänge. Dort wird die Sicht eine Weile frei, und wir erhalten einen feinen Ausblick ins Tal der Wupper – mit Schloß Burg als zauberhafte Silhouette. Durch Fichtenspaliere und Mischwald kommen wir bald darauf in ein Bachtälchen. Wir umgehen seinen Auslauf in großem Bogen und steigen über einen Hangweg schließlich zum „Diederichs-Aussichtstempel“ (1896 erbaut) – hoch über dem Tale – bergauf. Ein Waldweg führt von ihm in östlicher Richtung weiter zum Schloß. Von seiner Terrasse blicken wir schließlich steil hinab auf Unter-Burg, das sich drunten am Flußlauf mit alten bergischen Fachwerkhäusern tief unter die Wupperberge duckt.

Am „Café Rittersturz“ vorbei kann man vom Schloß aus auf einem Fußweg nach Unter-Burg absteigen. Bequemer geht's freilich mit der Sesselbahn, die immerhin knapp 90 Höhenmeter überbrückt. Von der Talstation des Liftes an der Burger Landstraße folgt man dann eine Weile der „Moritz-Hasencle-

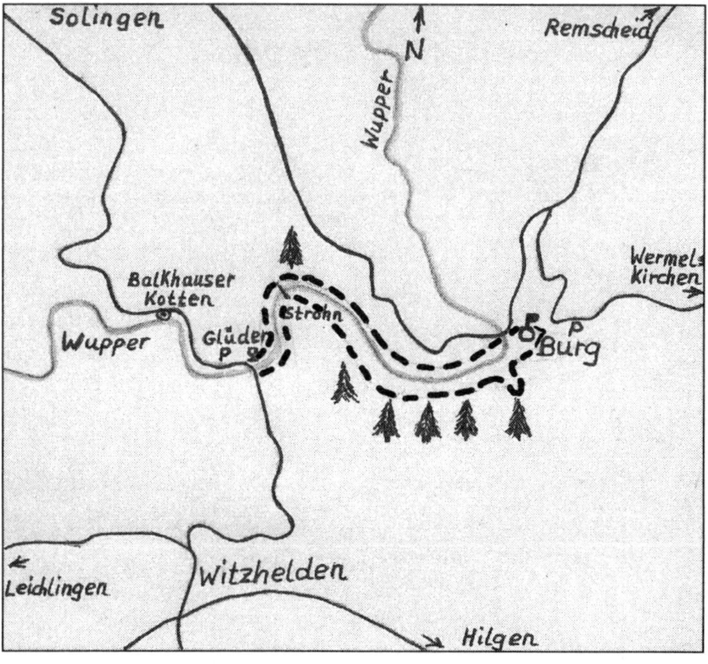

ver-Straße" aus dem Ort hinaus. Bald sind wir wieder allein in den Wupperbergen und wandern auf Waldwegen an den Kläranlagen des Wupperverbandes und am Flußlauf entlang zurück nach Strohn. Dort können wir nun entweder über die Brücke wieder ans jenseitige Wupperufer hinüber wechseln und auf dem Hinweg nach Glüder zurückwandern oder dem etwas schmaleren Waldweg diesseits der Wupper weiter am Fluß entlang folgen bis nach Glüder zum Ausflugslokal.

Anfahrt: Von Solingen-Mitte Richtung Witzhelden bis nach Glüder (im Tal der Wupper). Oder von der B 51 zwischen Leverkusen und Wermelskirchen in Hilgen abzweigen und über Witzhelden nach Glüder fahren.

Einkehrmöglichkeiten: Café „Rittersturz" und ein halbes Dutzend andere Cafés in Burg, am Endpunkt außerdem „Gasthaus Glüder".

Besonders sehenswert: Schloß-Museum Burg.
Außerdem der Balkhauser Kotten (Schleifer-Museum), 1 km nordwestlich von Glüder – an der Straße nach Solingen.

Auf Waldwegen rings um die Sengbachtalsperre

Oberhalb von Glüder, zwischen Solingen und Witzhelden, schlummert in einem abgeschiedenen Seitental der Wupper die Sengbach-Talsperre. Das inmitten grüner Wälder des Bergischen Landes gelegene, tiefeingeschnittene Gewässer versorgt die Bewohner der „Klingenstadt“ Solingen mit Trinkwasser. Aus diesem Grunde wird die Sperre im Volksmund meist auch nur als „Solinger-Talsperre“ bezeichnet.

Das zu den ältesten deutschen Trinkwasserspeichern zählende Staubecken wurde bereits zwischen 1900 und 1903 angelegt. Und eine altehrwürdige, noch von Prof. Intze entworfene, fast 43 m hohe Sperrmauer aus rötlichen Bruchsteinen mit zwei hübschen Rundtürmchen staut auch heute noch bis zu 2,84 Mio. cbm Wasser.

Am 30. März 1903 hatte man hier erstmals begonnen, Trinkwasser für die Solinger Bevölkerung aufzustauen. Bei ihrer Einweihung am 28. Mai 1903 war die Talsperre bereits zu zwei Dritteln gefüllt.

Besonders malerisch zeigt sich der Stausee von einem Aussichtspunkt des 9 km langen Talsperren-Rundweges. Die Rundwanderung um die Sengbach-Talsperre ist eine stille Tour, die fast vollkommen durch Wald führt. Lediglich zweimal im Jahr, bei Volkslaufveranstaltungen, erlebt man auf der Talsperren-Runde größeren Trubel. Bei der „Nikolaus-Volkswanderung“ von Glüder kann natürlich jeder teilnehmen.

Leider erhält man wegen des Waldes nur an recht wenigen Stellen einen schönen Ausblick auf den friedlich schlummernden, vollkommen waldumsäumten Wasserspiegel.

Der Rundweg ist zwar zum Teil bezeichnet und an für sich nicht zu verfehlen, doch hat man unterwegs mancherorts mitunter etwas Probleme, sich an der vielarmigen Talsperre zu orientieren. Vor allem an ihrem hinteren Ende kurvt man um drei längere Seitenarme der oberen Staustufe herum und muß mehrmals achtgeben, nicht auf einem der seitlich abzweigenden Waldwege (u. a. Richtung Höhrath, Tente, Bruchermühle und Höhscheid) irrtümlich das Talsperrengelände zu verlassen.

Wandervorschlag: Länge: 13 km (einschließlich Hin- und Rückweg)
Reine Gehzeit: $3^1/_2$ Std.
Ausgangspunkt: Glüder im Tal der Wupper

Bei der Wanderung muß man beachten, daß man für den Hinweg von Glüder bis zum Erreichen des 9 km langen Rundweges zusätzlich noch einen 30-Minuten-Anstieg zu bewältigen hat. Trotz zum Teil erheblicher Höhenunterschiede ist es für geübte Wanderer aber eine empfehlenswerte Tour.

Vom Parkplatz in Glüder, gleich neben dem Ausflugslokal, überschreiten wir zunächst die Wupper und biegen dann sogleich links ab. Wir folgen dem Flußlauf aber nur ein kurzes Wegstück, bis rechts ein schmalerer Weg zur „Waldschule" (Tafel) abzweigt. Er führt uns in zwei großen Kehren hinauf in die ausgedehnten Wälder südlich der Wupper. Kurz vor der „Waldschule" kommen wir auf den breiten „Höhrather Weg". Ihm folgen wir nun nach rechts. Nach 5 Min. taucht links des Weges ein hölzernes Unterstandshüttchen auf, auch Schloß Burg wird zwischen den lichten Bäumen sichtbar. Hier zweigt rechts ein Weg zur Sperrmauer ab; 200 m später folgt noch ein zweiter. Wir bleiben beide Male vorerst jedoch noch auf dem breiten Hauptweg und wandern noch gute fünf Minuten geradeaus weiter, bis rechter Hand ein breiter Waldweg (leider ohne Markierungszeichen) abzweigt und

binnen weniger Minuten zum schönsten Aussichtspunkt an der Talsperre hinführt.

Längere Zeit verliert man danach den Wasserspiegel aus den Augen. Denn der Rundweg kurvt nun auf der Ostseite der Talsperre meist in größerem Abstand um drei fjordartige Seitenarme herum. Erst am hinteren Ende bekommt man ihn noch zweimal zu Gesicht.

Vor der Autobahnbrücke bei Bruchermühle wechselt man schließlich (nunmehr mit dem Wegzeichen „S") auf die Westseite des mittlerweile vom Wald verschlungenen Stausees hinüber und erreicht nach zum Teil längeren Zwischenanstiegen erst eine ganze Stunde später die Sperrmauer. Wir überschreiten die 178 m lange Mauerkrone in ihrer vollen Länge und biegen dann nach links in den Wegabzweig nach Glüder ein.

Am Unterstandshüttchen treffen wir wieder auf den Hinweg und schlendern auf ihm zurück hinab ins Tal der Wupper.

Anfahrt: Von Solingen-Mitte fährt man Richtung Witzhelden bis nach Glüder im Tal der Wupper. Oder man zweigt von der B 51 zwischen Leverkusen und Wermelskirchen in Hilgen ab und fährt über Witzhelden nach Glüder.

Einkehrmöglichkeit: Ausflugslokal Glüder.

Besonders sehenswert: Balkhauser Kotten (Schleifer-Museum), 1 km von Glüder, an der Straße nach Solingen.

Unter Deutschlands höchster Brücke durchs Tal der Wupper

In 107 m Höhe überspannt die Müngstener Brücke zwischen Solingen und Remscheid den tiefen Taleinschnitt der Wupper. Sie besitzt eine ungemein kühne Stahl-Konstruktion nach Eiffelturm-Art mit einer riesigen Bogenspannweite von 170 m. Als sie damals nach 4jähriger Bauzeit (1894–1897) fertig war, wurde sie wie ein Weltwunder bestaunt. Sie zählt wohl auch nicht umsonst zu den größten technischen Meisterwerken des 19. Jahrhunderts. Diese Brücke bricht alle Rekorde – nicht nur im Bergischen Land. Und sie ist bis heute die höchste Eisenbahnbrücke Deutschlands, ja vielleicht sogar ganz Europas geblieben. Sie „verschluckte" nicht nur 5 000 Tonnen Eisen, sondern auch 2,64 Mio. Goldmark. Nur wenige wissen, daß die Müngstener Brücke in den Folgejahren aber dafür auch als Vorbild für die gewaltige Bogenbrücke über den Niagara in den Vereinigten Staaten von Amerika diente.

Mehr als vierzigmal am Tag fährt heute noch ein Zug über den fast 100 Jahre alten Stahlgiganten (sonn- und feiertags ist der Verkehr etwas spärlicher). Und jedesmal rumpelt ein leises, fernes Donnergrollen durch das Tal der Wupper.

Am 3. Juli 1897 war seinerzeit der erste Zug über die Brücke hinweggerollt – für alle Anwesenden damals ein großes Ereignis und ein spannender Augenblick, als das Bauwerk unter der tonnenschweren Last einer schnaufenden Dampflokomotive zu vibrieren begann. Doch das kühne Bauwerk, von immerhin 950 000 Nieten zusammengehalten, überstand den Test mit Bravour und verkürzt seither den Schienenweg zwischen den beiden auf Sichtweite beieinander liegenden bergischen Großstädten Solingen und Remscheid von 44 km auf ganze 8 km.

Auf einer Rundwanderung durch das Tal der Wupper kann man die elegant geschwungene Riesenbrücke am eindrucksvollsten erleben; zweifellos eine der schönsten bergischen Wanderungen überhaupt.

Wandervorschlag: Länge: 6 km
Reine Gehzeit: $1^1/_2$ Std.
Ausgangspunkt: Müngstener Brücke

Von Müngsten im Tal der Wupper führt eine Straßenzufahrt noch bis unter die Brücke. Dort befinden sich zwischen Ausflugslokalen und Souvenirläden Parkbuchten. Das Sträßchen läuft schließlich in einen Waldweg aus, der uns bald schon hoch über dem Wupperufer in lustigem Auf und Ab, anfangs noch mit schönen Ausblicken auf die „Riesenbrücke", in einer guten $^1/_2$ Std. zum „Wiesenkotten" leitet. Das noch ganz im bergischen Fachwerkstil erhaltene Gasthäuserl lädt zu einer kurzen Rast, bevor wir auf einem Brückchen die Wupper überschreiten und am jenseitigen Flußufer, links, den Talweg zurück nach Müngsten einschlagen. (Der ansteigende Weg führt nach Remscheid hinauf.) Wir wandern dagegen nun eine ganze Weile entlang der Wupper (Zeichen ∧) und folgen erst bei der nächsten Wegverzweigung, rechts, dem breiten „Fuß- und Radweg" den Hang hinauf. Für längere Zeit war die Müngstener Brücke zuvor aus unseren Augen entschwunden, doch nun stehen wir plötzlich wieder genau unter ihr. Auf „halber Höhe" – hoch über dem Wupperufer – schreiten wir unter ihr hindurch und kommen bald darauf zum steinernen „Diederichstempel", dem vielleicht schönsten Aussichtspunkt des Weges, ja wenn nicht das Geäst der Bäume den fantastischen Blick auf den 505 m langen stählernen Giganten mit der in der Tiefe dahinfließenden Wupper behindern würde.

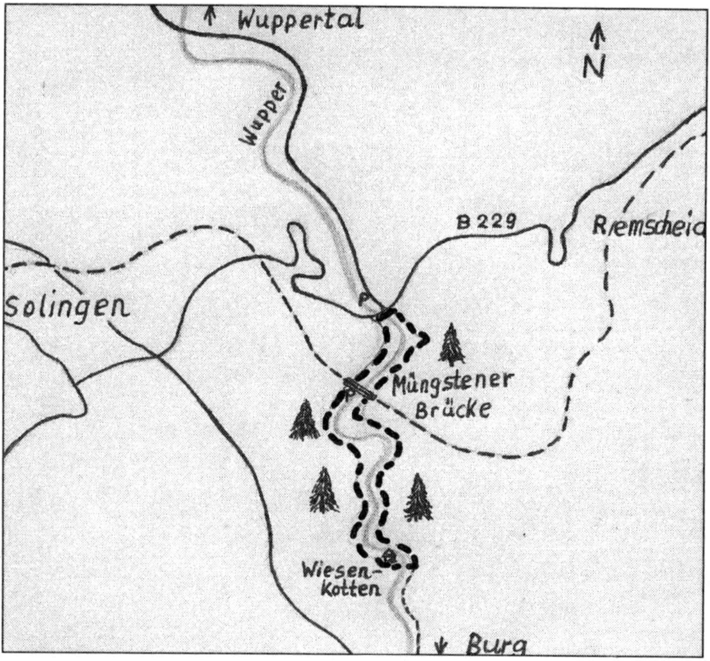

So schlendern wir auf dem schönen Waldweg bald schon talwärts und erreichen schließlich die alte Straßenbrücke in Müngsten. Über diese gelangen wir wieder ans jenseitige Wupperufer, dem wir nun lediglich noch 10 Min. entlang der Straße zum Parkplatz zurückfolgen brauchen. Dabei haben wir auf dem letzten Wegabschnitt die „Riesenbrücke" endlich vollkommen frei vor uns. Welch ein spannender Moment, wenn nun noch zum Abschluß der Wanderung ein Zug heranrauscht. Am 12. August 1899 hat sich selbst Kaiser Wilhelm II. dieses große Erlebnis in Müngsten nicht entgehen lassen.

Anfahrt: Der B 229 von Solingen-Mitte Richtung Remscheid folgen bis nach Müngsten im Tal der Wupper. Dort vor Überquerung der Wupper rechts Straßenabzweig zur Brücke (Parkmöglichkeiten).

Einkehrmöglichkeiten: Gasthaus „Wiesenkotten" am Rundweg; außerdem mehrere Ausflugslokale in Müngsten.

Rundwege an Nordrhein-Westfalens ältester Talsperre

Zwischen den Höhen von Remscheid und Wermelskirchen liegt im landschaftlich recht reizvollen oberen Eschbachtal die weit über hundert Jahre alte Remscheider Eschbach-Talsperre. Sie besitzt eine gewisse Sonderstellung unter allen bergischen Gewässern, denn sie war Deutschlands älteste Trinkwassertalsperre überhaupt. Diese „Ehre" verhalf ihr weit über die Grenzen des Bergischen Landes hinaus bekannt zu werden, und sie wurde zum Vorbild für viele, viele andere ...

Remscheid hatte als „Großstadt auf dem Berge" seit jeher Probleme mit der Trinkwasserversorgung. Die wenigen Vorräte waren stets rasch verflossen, denn eilig strömen die Bäche allseits vom Stadtkern zu Tale.

Dies brachte 1881 den einheimischen Kommunalpolitiker Robert Böker auf die Idee, ein Trinkwasservorratsbecken anlegen zu lassen. Hieraus entwickelte sich schließlich eine Talsperre ...

Planer und Schöpfer dieses Werkes war der Professor der Technischen Hochschule in Aachen, Ing. Otto Intze. Mit einer 160 m langen Sperrmauer ließ er in den Jahren 1889–1891 das obere Eschbachtal abriegeln und ein Staubecken mit bis zu 17 m Tiefe anlegen. Am 14. November 1891 konnte die Sperre schließlich in Betrieb genommen werden. Mit einem Stauinhalt von 1 Mio. cbm hatte Remscheid (vorerst) seine Trinkwasserprobleme gelöst. Hierfür wurde Prof. Intze im Juni 1893 bei der Einweihung gebührend gewürdigt. Doch für ihn – den „Pionier des deutschen Talsperrenbaus" – war diese Talsperre nur der gelungene Auftakt einer ganzen Serie ...

Heute besitzt die Remscheider Sperre jedoch ein ganz anderes „Gesicht" als bei ihrer Einweihung:

Die Mauer ist vollkommen modernisiert und anstelle des damaligen Talsperren-Gasthauses winkt uns der „Klotz" einer Autobahnraststätte entgegen. Doch noch immer lockt Deutschlands älteste Talsperre mit einem wunderschönen 4 km langen See-Rundweg durch die herrlichen Laub- und Nadelwälder des Bergischen Landes.

Wandervorschlag: Länge: 4 km
Reine Gehzeit: 1 Std.
Ausgangspunkt: Eschbachtal zwischen Remscheid und Wermelskirchen

Den schönsten Ausgangspunkt für die knapp einstündige Seeumrundung stellt das Gasthaus „Mebusmühle“ im Eschbachtal, an der Straßenverbindung von Remscheid nach Wermelskirchen, dar. Ganz Eilige bevorzugen dagegen meist das Autobahn-Rasthaus „Remscheid“ an der BAB.

Von der „Mebusmühle“ führt uns ein feiner „Waldlehrpfad“ erst einmal an einem kleinen Weiher vorbei zur Autobahnunterführung.

Danach geht es rasch in zwei Kehren steil empor zum oberen Rand der 23 m hohen Sperrmauer mit dem Autobahn-Rasthaus.

Durch das heutige Talsperrengelände führte einst die Landstraße durch das Eschbachtal nach Lennep. Vom Rundweg erkennt man heute noch an einigen Stellen Reste der damaligen Fahrwege. Der als Waldlehrpfad gut ausgebaute Rundweg leitet uns vom Rasthaus Remscheid meist nahezu eben durch lichten Wald um die ganze Talsperre herum. An vielen Stellen sind informative Lehrtafeln aufgestellt. Mehrmals laden unterwegs auch Bänke zum Verweilen ein. An einigen Stellen genießt man dabei einen schönen Ausblick

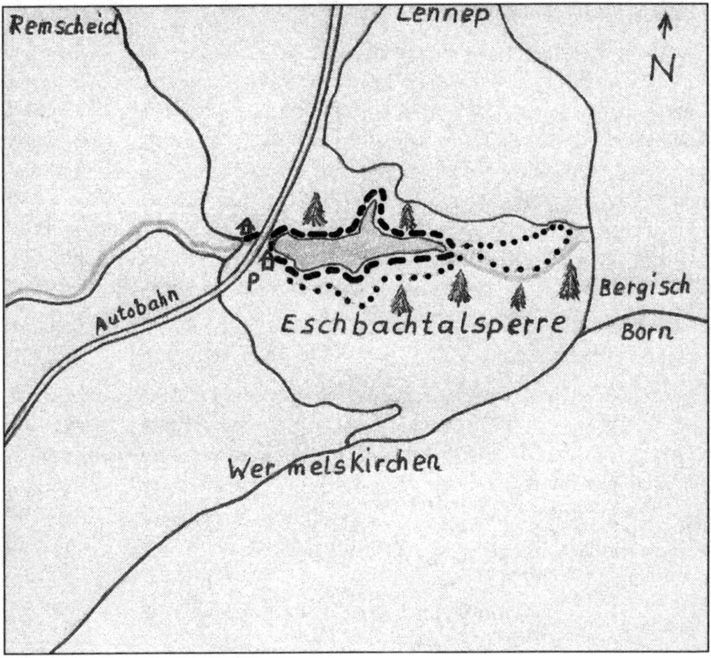

auf den Stausee – mit der berühmten „Intze-Sperrmauer" im Hintergrund. Ursprünglich besaß diese noch ein freistehendes Türmchen für die Wasserentnahme, das allerdings 1955 abgebrochen wurde. So bleibt uns als letzter Höhepunkt zum Abschluß unserer Runde um Deutschlands älteste Trinkwassertalsperre leider nur der Gang über die seeseitig vollkommen restaurierte und recht modern erscheinende Mauerkrone.

Weitere Wandermöglichkeit: Weglänge 6 km, Gehzeit 1½ Std.

Auf dem SGV-Wanderweg mit dem Zeichen „A 1" durch die Wälder rund um die Talsperre zwischen Staumauer und „Jägerhaus". Der Weg führt vom Rasthaus-Parkplatz ein kurzes Stück bergauf und leitet dann, meist durch Nadelwald, südseitig oberhalb der Talsperre entlang. Im oberen Eschbach-Talboden, 500 m hinter dem Ende des Stausees, wechselt er schließlich auf die Nordseite hinüber und führt zuletzt auf dem Uferrundweg wieder zur Sperrmauer zurück. Wer genügend Zeit hat, kann aber auch mit dem Wegzeichen „A 1" die Rundwanderung sogar noch bis Bergisch Born ausdehnen.

Anfahrt: BAB 1 (Leverkusen–Wuppertal) bis Autobahn-Rasthaus Remscheid; oder am östlichen Stadtrand von Wermelskirchen von der B 51 abzweigen in Richtung Remscheid – bis ins Eschbachtal.

Einkehrmöglichkeiten: Restaurant „Mebusmühle" im Eschbachtal.
Autobahn-Rasthaus oberhalb der Sperrmauer.

Ins obere Eifgental – zur Berger Mühle

Südlich von Wermelskirchen, zwischen den kleinen Ortschaften Kovelsberg, Süppelbach und Eipringhausen, die bis heute noch ganz ihren ländlichen Charakter bewahrten, führt ein wunderbarer Rundwanderweg durch das obere Eifgental. Ein Tal, das zweifellos zu den romantischsten Bachtälern des Bergischen Landes zählt. Vor allem dank seiner uralten Mühlen im Fachwerkstil wurde es weithin bekannt. „Markusmühle" im Eifgental war beispielsweise früher jahrzehntelang ein beliebtes Ausflugsziel; zum Wandern ist jedoch das obere Talgebiet mit den drei kleinen Ortschaften und der hübschen alten Berger-Mühle noch viel idealer. Denn sie liegt noch einsamer, noch versteckter und noch idyllischer. Dort gibt es keine Durchgangsstraßen, hier plätschert nur der Eifgenbach munter durch die Wiesen; eine wunderschöne Naturlandschaft.

Die im Jahre 1654 erbaute Berger-Mühle im typischen bergischen Fachwerk war früher eine romantische Wassermühle. Ihr großes Wasserrad wurde aber leider in den 30er Jahren abmontiert, so daß nur noch das hübsche Mühlengebäude erhalten geblieben ist. Es zählt heute zu den ältesten und sehenswertesten bergischen Mühlen überhaupt und stellt wirklich einen besonderen „Schmuck" für das obere Eifgental dar, das nun, nachdem alle Talsperrenpläne für viele Jahrzehnte erst einmal „vom Tisch" sind, wieder ein stilles bergisches Tal geworden ist. Da wandert man durch Wälder, Wiesen und über aussichtsreiche Höhen und ist mit der Natur ganz „per Du". Denn nicht nur Fischteiche, Stauweiher und eine Miniatur-Wassermühle liegen rechts des Weges, sondern auch ein kleines Waldcafé.

Wandervorschlag: Länge: 7,5 km
Reine Gehzeit: 2 Std.
Ausgangspunkt: „Eifgen-Sportanlagen"/ Wermelskirchen

Vom Parkplatz folgen wir zunächst dem Zeichen „A 2" ca. 300 m auf dem Fußweg an der Eifgentalstraße entlang. Vor der Talbrücke zweigt links ein wenig befahrenes Sträßchen nach Kovelsberg ab. Diesem folgen wir an kleinen Fischteichen mit einer Mini-Wassermühle vorbei zum Eifgen-Stauweiher hinauf. Oberhalb des Weihers kommen wir bald zur Ortschaft Kovelsberg. Beim letzten Gehöft verlassen wir den „A 2"-Weg und biegen mit Zeichen „O" (Wermelskirchener Rundweg) nach rechts ab, um durch die Wiesen zur

Ortschaft Süppelbach hinüber zu wandern. Ein paar Schritte rechts des Weges liegt dort in einem Wäldchen das Café „Spatzenhof“. Unser Wanderweg (O) führt dagegen schräg gegenüber weiter, zweigt bald darauf nochmals rechts ab und verläuft über eine Anhöhe zu einem einzeln stehenden Haus vor der Ortschaft Well. An der dortigen Wegekreuzung verlassen wir den Wermelskirchener Rundweg mit dem Zeichen „O“ und biegen, nun wieder mit „A 2“, nach rechts ab. Am Rande eines Nadelwäldchens kommen wir alsbald wieder ins Eifgental hinüber und nähern uns durch die Wiesen des oberen Talbodens rasch der Ortschaft Eipringhausen. Dort kreuzen wir die Landstraße und wandern schräg gegenüber bergauf zu einer Wiesenanhöhe am Waldrand des Hohensteins (303 m). In vorzüglicher Lage laden hier zwei Bänke zur Rast. Wir biegen nun nach links ab und wandern anschließend einen $^{1}/_{2}$ km über den langgestreckten Wiesenrücken der Eipringhauser Höhe (309 m) mit schönem Blick auf Wermelskirchen. Am höchsten Punkt des Höhenrückens steht die kleine hölzerne Eipringhauser Schutzhütte. Wir biegen zu ihr nach rechts ab und kommen danach alsbald in Wald. Durch die-

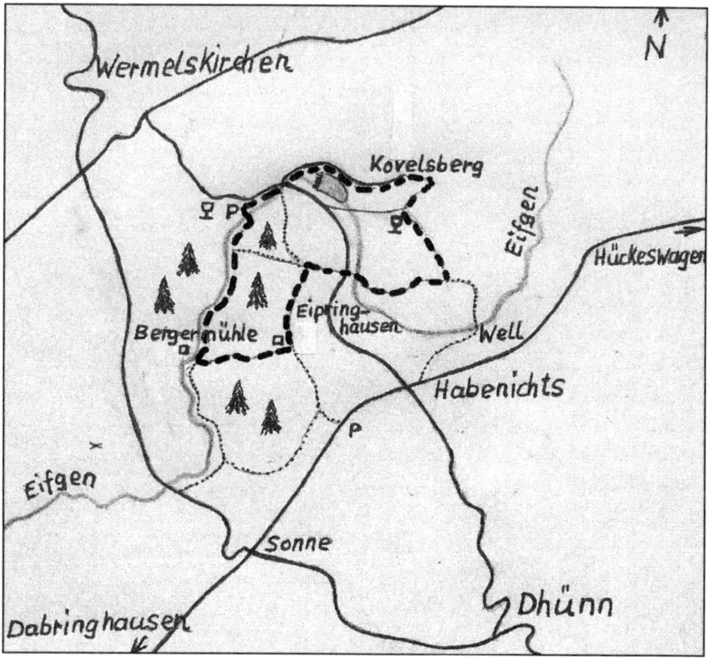

sen wandern wir geradewegs wieder ins Eifgental hinunter. Am Rande einer Wiese führt uns der Weg, zuletzt immer schmaler und steiler werdend, genau auf die Berger-Mühle zu. Kurz vor der Mühle stoßen wir auf den Eifgen-Talweg. Wir biegen hier nun rechts ab und laufen am Eifgenbach entlang weiter. Beim Klärwerk bleiben wir (links) mit Zeichen „A 3" auf dem Talweg und kommen bald darauf zu einer alten Steinbrücke, wo sich sieben Wege verzweigen. Wir gehen hier weiterhin am Eifgenbach entlang (mit Zeichen „A 3") geradeaus und nähern uns nach einer Weile wieder den Sportanlagen am Ausgangspunkt.

Anfahrt: Von der B 51 in Wermelskirchen-Stadtmitte abzweigen in Richtung Dhünn, anschließend gut 1 km bis zu den „Eifgen-Sportanlagen" am südlichen Stadtrand. Unterhalb von „Haus Eifgen" befindet sich ein großer Wanderparkplatz.

Einkehrmöglichkeiten: Café „Spatzenhof" (am Wanderweg).
Restaurant „Haus Eifgen" (Mo. Ruhetag) am Parkplatz.

Grunewalder Siefe im Herbst (Wanderwegbeschreibung Seite 12)

Freizeitsport an der Talsperre Diepental (Wanderwegbeschreibung Seite 15)

Herbstliche Ansicht auf Schloß Burg an der Wupper
(Wanderwegbeschreibung Seite 18)

Blick auf die Sengbachtalsperre (Wanderwegbeschreibung Seite 21)

In 107 m Höhe überspannt die Müngstener Brücke den Taleinschnitt zwischen Solingen und Remscheid (Wanderwegbeschreibung Seite 24)

Auf dem Rundweg um Deutschlands älteste Trinkwasser-Talsperre
(Wanderwegbeschreibung Seite 27)

Blick auf die verschneite Berger-Mühle im oberen Eifgental
(Wanderwegbeschreibung Seite 30)

Idyllisches Schloß Strauweiler in Odenthal
(Wanderwegbeschreibung Seite 43)

An der neuen Wupper-Talsperre

Die noch relativ neue, erstmals im Jahre 1987 aufgestaute Wupper-Talsperre zwischen Remscheid-Lennep und Radevormwald ist vorerst die letzte Talsperre, die im Bergischen Land gebaut wurde. Sie dient auch nicht wie die meisten bergischen Nachbartalsperren als Trinkwasserreservoir, sondern wurde hauptsächlich zum Hochwasserschutz Wuppertals angelegt.

Mehr als fünf Jahre hat man an ihr gebaut, doppelt so lange benötigte man gar, um zwei riesige Brücken über die Talsperre zu errichten. Mit ihrem Fassungsvermögen von 25,6 Mio. cbm kann sie den Wasserstand im Stadtgebiet von Wuppertal vollkommen regulieren und bei Hochwassergefahr den Abfluß auf 210 cbm begrenzen. Meist ist die Talsperre jedoch nur halbvoll. Am 23. Januar 1996 war sie aufgrund einer mehrmonatigen Trockenperiode sogar nur noch zu einem Viertel gefüllt.

Neuerdings dient sie jedoch auch dem Freizeitsport. So wurde im Frühjahr 1996 am Westufer der Talsperre, bei der Ortschaft Dörperhöhe, ein ganz neuer Bootshafen angelegt. Man kann dort Tretboote mieten, Schlauchboot fahren und paddeln. Auch ein Yachthafen und eine DLRG-Station sind bereits eingerichtet, so daß bald auch Segelboote über die Talsperre hinweggleiten werden.

Vor dem Talsperrenbau mußten hierfür aber Ende der 70er Jahre ganze Ortschaften aus dem Talboden der Wupper ausgeräumt werden. Auch die einstige Eisenbahnlinie von Lennep durch das Tal der Wupper hinauf nach Radevormwald verschwand schließlich unter der 220 ha großen Wasserfläche.

Den Wanderern stehen dagegen seit Fertigstellung der Talsperre für erholsame Spaziergänge gleich mehrere Rundwege zur Auswahl; vom 3 km kurzen „Schnuppertrip" bis hin zur 10,5 km langen Talsperren-Runde zwischen der Krähwinkler Brücke und dem 300 m langen Staudamm.

1. Wandervorschlag: Länge: 5 km
Reine Gehzeit: $1^1/_2$ Std.
Ausgangspunkt: Wanderparkplatz Krähwinkler Brücke / Dörperhöhe

Vom Wanderparkplatz kurz vor der Krähwinkler Brücke gehen wir zunächst zur Feldbach-Vorsperre hinab, schreiten über das Dammbrückchen nach rechts auf die jenseitige Uferseite und wandern anschließend ca. 2 km an der

Wupper-Talsperre entlang. Vor der Remscheider Schnellstraße (B 229) biegt unser Rundweg dann scharf links, in westliche Richtung, ab und führt über eine Anhöhe hinweg. Kurz danach verlassen wir den Hauptweg, zweigen links ab zur Ortschaft Nagelsberg und wandern auf Feldwegen hinüber zu den Häusern von Niederfeldbach. Dort stoßen wir alsbald wieder auf das hintere Ende der kleinen Feldbach-Vorsperre und schreiten an ihr (links oder rechts) entlang, zurück zum Ausgangspunkt.

2. Wandervorschlag: Länge: 5 km
Reine Gehzeit: $1^1/_2$ Std.
Ausgangspunkt: Parkplatz „Niedernfeld", westlich von Radevormwald

Vom Wanderparkplatz „Niedernfeld", an der Schnellstraße von Lennep nach Radevormwald (B 229), folgen wir auf diesem 5 km langen Rundweg stets dem Zeichen „A 1". Zunächst leitet es uns am Ostufer der Wupper-Talsperre entlang durch das „Klimop"-Naturschutzgebiet. Man kommt dabei unter-

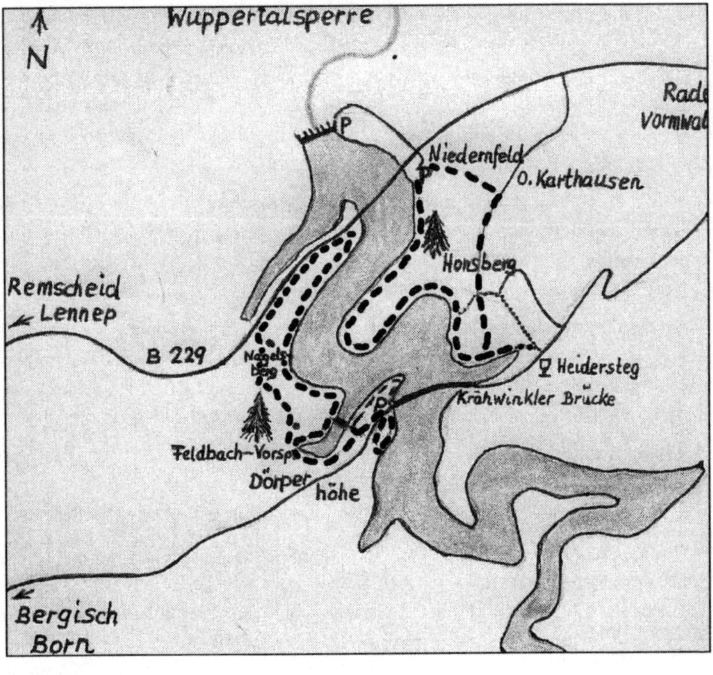

wegs gleich an drei herrlichen Rast- und Aussichtspunkten (mit Bänken) vorüber, von denen man einen besonders schönen Talsperren-Blick genießt.

Danach verläßt der Weg kurzzeitig den Uferbereich und führt um zwei in einem parkartigen Waldgelände liegende Häuser herum. Hinter dem letzten Haus biegen wir rechts ab und folgen der „Wegtafel Heidersteg" zur sogenannten „Wildbahn". Dabei kommen wir durch Hochwald wieder langsam hinab zur Talsperre, die uns nun noch ihre kleine Insel mit der Krähwinkler Brücke zeigt. 10 Min. später, kurz vor der Ortschaft Heidersteg, zweigt unser Rundweg „A 1" mitten im Wald nach links ab und zieht nun im dichten Laubwald hinauf nach Honsberg. Durch die kleine Rader Ortschaft wandern wir nordwärts, stets geradeaus, bis wir sie schließlich auf der Honsberger Straße wieder verlassen können, um durch Feld und Flur in Richtung Oberkarthausen weiter zu wandern. Kurz vor Erreichen des kleinen Ortes biegen wir jedoch abermals links ab, so daß wir durch die Oberfelder Wiesen alsbald wieder zum Wanderparkplatz „Niedernfeld" zurückgelangen.

Anfahrt:
Zu Wanderung 1: Von Wermelskirchen auf der B 51 in Richtung Remscheid-Lennep fahren, jedoch 2 km hinter Bergisch Born nach rechts in Richtung Radevormwald abzweigen bis Parkplatz Dörperhöhe.

Zu Wanderung 2: Auf der B 51 bis Remscheid-Lennep fahren, dort auf B 229 rechts abzweigen Richtung Radevormwald. Kurz hinter der Talbrücke (rechts) Abzweig zum Parkplatz „Niedernfeld".

Einkehrmöglichkeit: Gasthaus „Heidersteg" am Ostrand der Krähwinkler Brücke (300 m abseits des Rundweges).

Von Kürten-Delling über die Ommerborner Berghöhen

Zwischen Bergisch Gladbach und Wipperfürth liegen zwischen den Wald- und Wiesenhöhen des „Naturparks Bergisches Land" zahlreiche kleine Ortschaften verstreut, die allesamt zur Gemeinde Kürten gehören.

Viele Dörfchen können dabei auf eine bis ins Mittelalter reichende Geschichte zurückschauen und besitzen noch gut erhaltene Fachwerkhäuser und alte Kirchen.

Am ländlichsten präsentiert sich das weite, hügelige Gebiet mit seinen stillen Waldkuppen und grünen Wiesentälern rings um das kleine Dörfchen Kürten-Delling. Dort schmückt seit 1831 ein klassizistisches Kirchlein eines Schinkel-Schülers, umrahmt von alten Fachwerkhäusern, weite Wiesenflächen vor bewaldeten Höhen.

Wirklich ein reizender Ausgangspunkt für unsere Wanderung hinüber zum „Flecken" Ommerborn, wo auf einer aussichtsreichen Wiesenkuppe ein riesig-großes Bergkreuz in den Himmel ragt und wenig unterhalb, in einer Siefe, ein altes Klostergebäude „schlummert", das bereits um 1800 von dem bergischen Freiheitskämpfer Johann Peter Ommerborn erbaut wurde.

Mönche des Klosters waren es, die während der schrecklichen NS-Zeit, mitten in den Kriegswirren, auf der ungemein aussichtsreichen und vollkommen freien Berghöhe Ommerborns (310 m), fernab aller Städte, die weithin sichtbare „Kreuzgruppe" aufstellten. In idyllischer Natur, zwischen Wipperfürth, Kürten und Lindlar gelegen, soll sie zur Wachsamkeit gegen alle Formen der Gewalt und Unterdrückung mahnen. Noch heute leben im Kloster drei Patres; dazu eine „Karl-Leissner-Betgemeinschaft", die im Klostergebäude eine Bildungs- und Tagungsstätte eingerichtet hat.

Wandervorschlag: Länge: 7 km
Reine Gehzeit: $1^3/_4$ Std.
Ausgangspunkt: Kürten-Delling

Vom Wanderparkplatz unterhalb des Kirchleins in Kürten-Delling folgen wir dem Asphaltsträßchen zunächst durch den sonnigen Talboden weiter Richtung Hembach.

Munter plätschert dabei neben uns das Olper Bächlein durch die Wiesen, während rechts des Weges bald ein paar schöne Fachwerkhäuser vor uns liegen. Danach wird es still um uns herum. Denn fast 1 km sind wir unterwegs, bis abseits des Weges die einsamen Gehöfte von Hembach auftauchen. Unser Weg beschreibt hier nun eine Rechtskehre, und plötzlich taucht oberhalb noch ein weiteres, einzeln stehendes Gehöft im bergischen Fachwerk vor uns auf.

Doch kurz vorher verlassen wir das Sträßchen und schwenken links, mit dem Zeichen „A 1" in einen Feldweg ein, der noch eine Weile durch die Wiesen am Bächlein entlangführt, bald aber in den Wald eintritt, steiler bergan zieht und schließlich nach über 1 km auf die freie Wiesenhöhe Ommerborns kommt. Etwas unterhalb liegt ziemlich versteckt hinter einer Baumreihe der langgestreckte Klosterbau mit Türmchen und Kapelle. Nach links führt uns der Hauptweg dagegen direkt über die Anhöhe zum hochragenden „Bergkreuz" hinüber. Weit reicht der Blick von dort ins Land hinaus, bis zu den Lindlarer Höhen und zum Siebengebirge. Rings um die Ommerborner Wiesen mit ihrer winzigen kleinen Siedlung können wir nun im Rechtsbogen, am alten Klosterkirchlein vorbei, wieder zurückwandern. Droben auf der

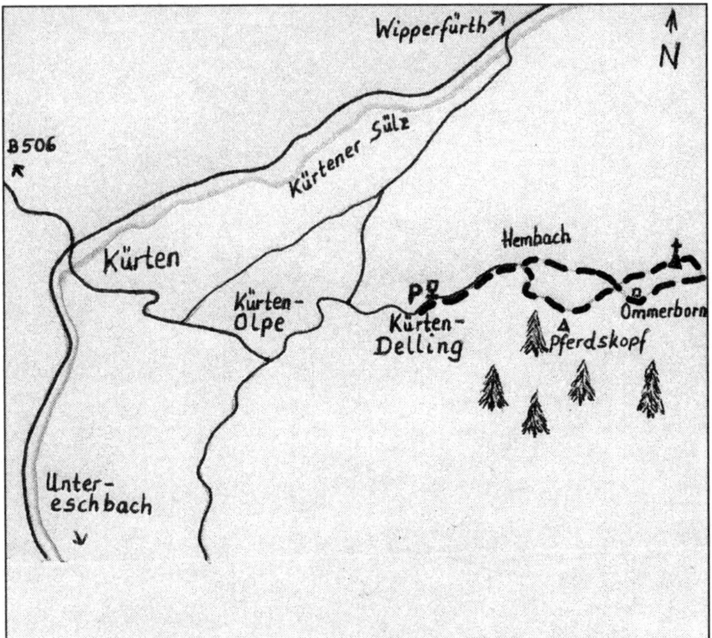

Höhe, wo rechts der Fahrweg zum „Bergkreuz“ führte, halten wir uns beim Rückmarsch dann aber links und wandern auf dem asphaltierten Weg am Waldrand entlang weiter, bis das schmale Sträßchen nach ca. 200 m im Nadelhochwald eintaucht und an den Nordhängen des Pferdkopfes (302 m) sachte hinabführt in den sonnigen Talgrund von Hembach. Kurz hinter dem Fachwerkgehöft treffen wir dabei wieder auf unseren Hinweg. Durch die verträumten Wiesenauen, immerfort am murmelnden Bächlein entlang, schlendern wir auf ihm schließlich wieder talaus, zurück nach Delling, wo gleich neben dem Dorfkirchlein ein gemütliches Gasthaus im hübschen Fachwerk noch zur Einkehr lädt.

Anfahrt: BAB Köln–Olpe bis Autobahnabfahrt Untereschbach; von dort durchs Sülztal bis Kürten-Zentrum. Oder von B 506 (Köln–Wipperfürth) in Kürten-Weiden abzweigen nach Kürten-Zentrum. Von dort über Kürten-Olpe nach Delling.

Einkehrmöglichkeit: Gasthaus „In der Delling“.

Rund um die malerische Neyetalsperre

Nördlich von Wipperfürth schmiegt sich die Neyetalsperre „eidechsenförmig“ in das Grün der bergischen Wälder ein. Sie ist in den Jahren 1908/09 angelegt worden, um mit ihrem aufgestauten Wasservorrat von 6 Mio. cbm die Trinkwasserversorgung für die bergische Großstadt Remscheid sicherzustellen.

Die Pläne für den Bau hatte noch, genau wie bei so vielen anderen alten Talsperren im Bergischen Land, der Aachener Professor Intze angefertigt – es war allerdings sein letztes Werk, bevor er im Dezember 1904 verstarb. Durch einen Stollen ließ er die Talsperre sogar mit seinem „Pionierbauwerk“ im Remscheider Eschbachtal verbinden. Doch dies alles hatte er nur noch planen können, gebaut haben es Jahre später andere ...

Das tief in die Nadel- und Laubwälder der Löher Heide eingebettete Gewässer ist heute landschaftlich eines der schönsten bergischen Wanderziele, das zu allen Jahreszeiten ein großartiges Naturerlebnis verspricht.

Es macht richtig Freude, an diesem stillen, vom Bade- und Bootsbetrieb freigehaltenen See entlang zu wandern. Der gesamte Talsperren-Rundwanderweg ist knapp 11 km lang und beansprucht ca. $2^1/_2$ Std. Gehzeit. Zumeist ist er vollkommen eben, stets gut ausgebaut und obendrein noch mit zahlreichen Bänken versehen. An sich ist er auch nirgends zu verfehlen, auch wenn mehrmals seitlich Wege abzweigen, die das Talsperrengebiet verlassen.

Weitaus schwieriger ist es jedoch, als Fremder die Neyetalsperre zu finden, denn im Zentrum Wipperfürths weisen nirgendwo Straßenschilder auf die Talsperre oder auf den Wanderparkplatz in Großblumberg (gleich neben dem „Gasthaus zur Neyetalsperre“) hin.

Wandervorschlag: Länge: 11 km
Reine Gehzeit: $2^1/_2$ bis 3 Std.
Ausgangspunkt: Wanderparkplatz vor dem Gasthaus „Zur Neyetalsperre“

Vom Wanderparkplatz führt ein bezeichneter Weg in 5 Min. zur Mauerkrone hinunter. Wir zweigen am besten jedoch kurz vorher gleich rechts ab und folgen dem Seerundweg zunächst am diesseitigen, weniger buchtenreichen Südufer entlang – stets durch lichten Wald – bis zum oberen Ende der Talsperre.

Dort wechseln wir auf die Nordseite des Stausees hinüber, der hier nun außerhalb des Haupt-Neyetals auch noch vier kleinere Seitenbuchten füllt. Kaum haben wir eine Seezunge hinter uns, kommt schon die nächste in Sicht. Und so, als wolle uns der Weg keinen Meter des Talsperrenufers vorenthalten, kurvt er um jeden Arm herum. Zwischen Wasser und Weg steht meist eine schmale Baumreihe, durch deren herabhängendes Geäst das Sonnenlicht ein reizvolles Muster aus hellen und dunklen Seeflecken strickt.

Absoluter Höhepunkt ist dann aber zum Schluß der Gang über die 260 m lange und 31 m hohe Sperrmauer. Bei genügend Seefüllung stürzen manchmal sogar einige kleinere Wasserfälle an der fast senkrechten Bruchsteinmauer in die Tiefe.

Unterhalb der Mauer (auf der Landseite) wurden Fischteiche angelegt; im nächstgelegenen ist ein riesiger Springbrunnen zu sehen.

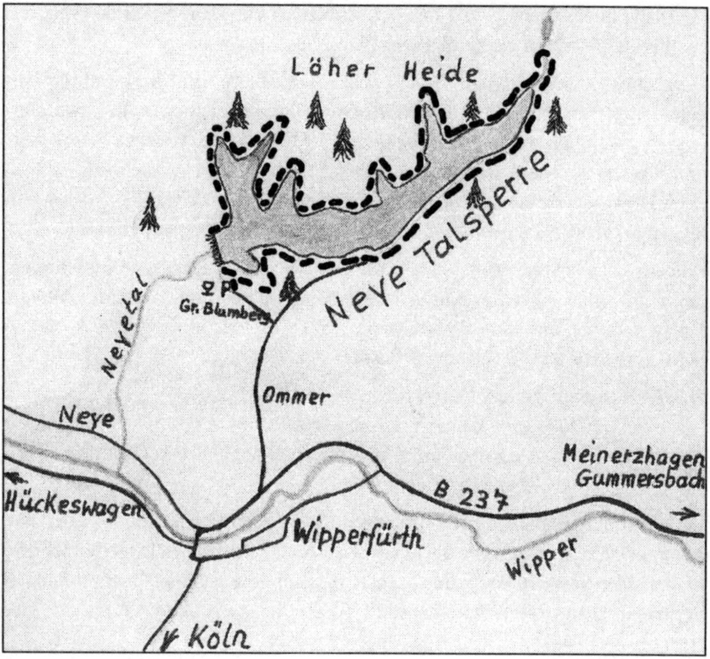

Nach Überschreitung der Sperrmauer halten wir uns auf dem nunmehr mit dem Zeichen „X“ gekennzeichneten Weg links und haben nach kurzem Aufstieg bald wieder das Gasthaus „Zur Neyetalsperre“ erreicht.

Anfahrt: Am nördlichen Stadtrand von Wipperfürth die B 237 (sie führt dort als Umgehungsstraße in Richtung Meinerzhagen) ohne ein entsprechendes Hinweisschild verlassen und nach links in die „Königsberger Straße“ einbiegen. Diese fährt man 1 km geradeaus, bis man hinter den Häusern von Ommer auf freie Felder kommt, wo eine Tafel das „Gasthaus zur Neyetalsperre“ ankündigt. Hier links abbiegend, erreicht man nach einem weiteren Kilometer das altbergische Gasthaus mit zahlreichen Parkmöglichkeiten.

Einkehrmöglichkeit: Gasthaus „Zur Neyetalsperre“ (nur an Wochenenden geöffnet).

Zwischen „Bergischem Dom“ und Schloß Strauweiler

Auf dieser Rundwanderung lernen wir zwei der bedeutendsten Bauwerke des Bergischen Lands kennen: den Dom zu Altenberg und das romantische Schloß Strauweiler. Der Dom ist ein „Juwel früher Gotik“ im Rheinland und gehörte früher den Zisterzienser-Mönchen. Über den Fundamenten einer uralten romanischen Klosterkirche errichteten sie von 1255–1379 den schönen gotischen Dom.

Als nach der Französischen Revolution Napoleon auch die Macht im Rheinland übernahm, verfiel der Dom allerdings zusehends. Auf seinen Druck hin wurde schließlich das Kloster samt Dom für 24 415 Reichstaler an einen Kölner Weinhändler verkauft, der die Klostergebäude zu einer chemischen Fabrik umfunktionierte, die mit Salpeter werkelte. Und es dauerte nicht allzu lange, bis sich in der Nacht des 7. November 1815 alle Vorräte samt Kloster und Dom in Rauchwolken auflösten. Der Dom blieb als Ruine stehen, ohne Dach und mit morschen Wänden.

In den Folgejahren indes gab es immer mehr Stimmen, die auf eine Wiederherstellung des Domes drangen. Selbst Goethe und viele andere Persönlichkeiten regten damals den preußischen König Friedrich Wilhelm IV. zur Rettung der Ruine an. Zwölf Jahre lang wurde daraufhin intensiv gebaut – und bei der Neueinweihung am 22. September 1847 war sogar der Preußen-König selbst anwesend. Seither dient der Dom beiden Konfessionen und gilt heute als eines der bedeutendsten musikkulturellen Zentren des Bergischen Landes. Zwar besitzt der Dom in seinem Inneren nur eine spärliche Ausstattung, doch dafür ist sein Westfenster ein absolutes Prunkstück – so richtig zur Geltung kommt das „größte Kirchenfenster Deutschlands“ aber erst, wenn durch Sonnenlichteinstrahlung die bunten Glasfarben glanzvoll aufleuchten.

Daneben gibt es unweit des Domes aber auch noch einen „Märchenwald“ und ein Café mit „tanzenden“ Wasserfontänen.

Besonderer Höhepunkt unserer Rundwanderung ist jedoch Schloß Strauweiler. Malerisch zeigt es sich von unserem Rundweg aus vor einem bewaldeten Hang. Wen überrascht es da, daß es schon viele Maler zu Bildern inspiriert hat? Wohl zu recht würde es einen vorderen Platz unter den schönsten Schlössern des Rheinlandes verdienen.

Wandervorschlag: Länge: 5 km
Reine Gehzeit: 1¼ Std.
Ausgangspunkt: Altenberger Dom (Parkplatz „Märchenwald")

Bester Ausgangspunkt für unsere Rundwanderung ist der große Domvorplatz. Von hier folgen wir dem Wegzeichen „A 1" durch den barocken Torbogen (aus dem Jahre 1715) und wenden uns dann nach links. Auf dem „Uferweg" schlendern wir kurze Zeit an der Dhünn entlang, zum ev. Gemeindehaus, dann durch eine Fußgängerunterführung zum Parkplatz „Rösberg". Von hier leitet uns ein breiter Weg am „Hotel zur Post" und am Sportgelände vorbei zum Wald hin. Am Rande der Waldungen entlang, nähern wir uns danach bereits Schloß Strauweiler. Gut 100 m folgen wir auf der anderen Straßenseite noch dem Bürgersteig, dann liegt es in voller Größe und seiner ganzen Pracht vor uns.

Im Mittelalter war es zunächst eine Burg, die 1416 erstmals genannt wurde und sich seit 1615 im Besitz der Grafenfamilie Wolff-Metternich befindet. Im

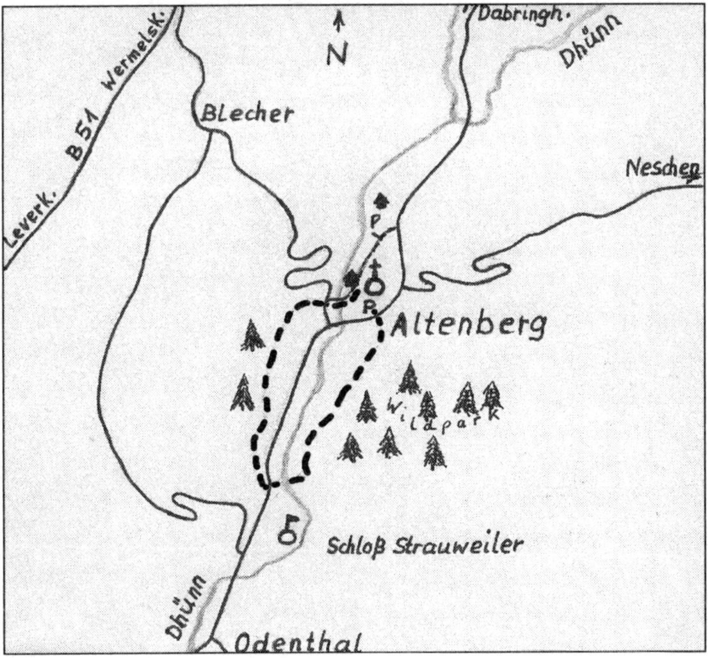

Laufe der Zeit wurden der einstigen Burg immer neue Anbauten zugefügt, so daß ein romantisches Märchenschlößchen daraus erwuchs. Eine Besichtigung der Innenräume ist jedoch leider nicht möglich.

Von der Menrather Brücke zeigt es sich am schönsten. Auf dem Brückchen überschreiten wir anschließend die Dhünn und wandern links, an einer Wiese entlang, wieder zum Wald hin. Wir überqueren einen kleinen Bachlauf und kommen schließlich nach 10 Min. zum Wildpark. Unser Waldweg „A 1" steigt am Rande der Wildzaungatter bis zum Holztor am Haupteingang stetig an. (Da sich im Parkgelände allerdings kaum noch ein Wildbestand aufhält, ist ein Besuch nicht allzu lohnenswert.) Danach kommen wir auf breitem Wege oberhalb des Dhünntales zur Altenberger Umgehungsstraße. Schräg gegenüber leitet ein kleiner Waldpfad (A 1) durch ein lichtes Wäldchen weiter und führt in wenigen Minuten zielstrebig zum Dom zurück.

Anfahrt: Von Bergisch Gladbach über Schildgen–Odenthal. Oder von Wermelskirchen auf der B 51 über Hilgen nach Odenthal-Blecher und auf Serpentinenstraße hinab nach Altenberg.

Einkehrmöglichkeiten: „Altenberger Hof", Hotel „Zur Post", „Küchenhof" und Restaurant „Märchenwald".

Höhenwege über dem Scherfbachtal

Angesichts des nur 4 km entfernten Altenberger Domes werden in Odenthal die Wanderhöhen leicht „übersehen". Doch das schmucke Dorf – mit einer Idylle von alten Häusern im Ortskern, die sich recht nahe um die romanische Kirche St. Pankratius aus dem 11. Jahrhundert scharen – ist durchaus einen Wanderausflug wert. Das alte Kirchlein, getragen von acht Säulen mit mehreren Kapitellen, besitzt immerhin das Geläut der ältesten noch klingenden Glocke des Rheinlandes (aus dem 12. Jahrhundert). Und gleich nebenan, auf dem Dorfplatz, ist auch der geschichtsträchtige „Hexen-Brunnen" zu sehen; passend dazu ist auf den Brettern einer Bank in ungelenkter Kinderschrift vermerkt: „Liebe Hexe Kaukaukau, hau mir meine Nase blau."

Ja, hier in diesem mittelalterlichen „Hexen-Dorf" beginnt unsere „Kinder- und Familien-Wanderung" über die Odenthaler Höhen hinüber zum Wildgehege im Scherfbachtal. Gleich oberhalb des Ortes steigen dazu die bergischen Höhen immerhin „eiligst" von 68 m auf 200 m an. Eine wunderschöne Naturlandschaft mit den alten Gehöften von Selbach und Oberkirsbach, die sich freilich am schönsten im bunten Herbstlaub zeigen.

Wandervorschlag: Länge: 7 km
Reine Gehzeit: 1³/₄ bis 2 Std.
Ausgangspunkt: Wanderparkplatz am Sportzentrum in Odenthal

Schräg gegenüber vom Parkplatz „Sportzentrum" in der Ortsmitte überqueren wir zunächst die Bergisch Gladbacher Landstraße und biegen jenseits in das stille Sträßchen „Herzogenfeld" ein. Ab hier folgen wir nun stets dem Wanderzeichen „A 3". Es leitet uns zuerst geradeaus; bald darauf kommen wir in den Wald. Ein schmaler Weg führt uns dort gleich nach links hinauf und lenkt uns weiter oben am neuen Odenthaler Friedhof vorbei. An der Straße nach Neschen halten wir uns anschließend abermals ein kurzes Stück nach links; dann überqueren wir die Straße und schlendern jenseits zwischen Wiesen hinunter zu den Fachwerk-Gehöften von Selbach. Am letzten Haus knickt der breite Weg nach rechts ab; unser Wanderweg „A 3" führt dagegen weiter geradeaus durch Wiesen zum Waldrand. Es folgt ein Riegel Fichten, danach berühren wir nochmals eine Weidefläche, bevor der Weg endgültig in den Wald schwenkt. Bei einer Weggabelung halten wir uns (halbrechts) immerfort an das Zeichen „A 3" und kommen schließlich nach

1,5 km am Ende eines Fichtenwaldes zum einsamen, aber aussichtsreichen Gehöft Oberkirsbach (193 m). Hier wird der Blick bis ins Rheintal frei: zuvorderst die Bayer-Metropole, dahinter in der Ferne Köln mit Hochhäusern, Kirchturmspitzen, Dom ... und dem Fernmeldeturm „Colonius“ im Dunst ...

Ab Oberkirsbach folgen wir nun dem asphaltierten Wirtschaftsweg nach rechts und wandern in sanftem Gefälle durch die Wiesen abwärts. Ein weiteres Gehöft kommt zum Vorschein – Unterkirsbach. Von hier ist es nicht mehr weit bis zur Talstraße im Scherfbachtal. Dort liegt die Ortschaft Höffe mit zwei Ausflugslokalen.

Wir wenden uns hier nun nach rechts und folgen der Dorfstraße gute 100 Meter durch den Ort. Dann verlassen wir die „Scherfbachtalstraße“ und biegen halblinks in den „Höffer Weg“ ein. Bald darauf kommen wir schon aus dem kleinen Ort heraus in die freien Wiesen zum nahen Damwildgehege mit Dutzenden von Rehen und Hirschen (leider nicht im Winter).

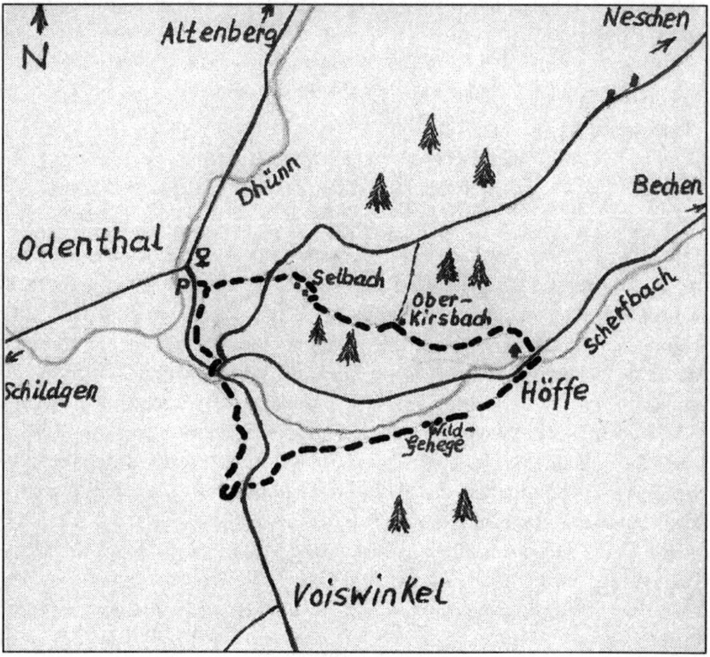

Auf dem schmalen Teerweg wandern wir durch Talwiesen weiter zur 1 km entfernt liegenden Ortschaft Wiebershausen. Hier zweigt linker Hand ein Straßerl (mit „A 4") ab; wir bleiben jedoch dem „A 3"-Weg treu und wandern zunächst geradeaus, später in einem großen Bogen bergauf zur Voiswinkler Straße. Auf dem jenseitigen Fußweg schreiten wir 100 m an der Straße entlang (nach links), dann biegen wir gleich wieder rechts ab und bummeln auf einem Feldweg über die aussichtsreichen Wiesenhöhen von Voiswinkel (mit herrlichem Tiefblick ins Scherfbachtal) hinunter zum „Funkenhof". Von hier folgen wir dem Gehweg der Hauptstraße geradeaus, zurück zum Wanderparkplatz.

Anfahrt: Von Bergisch Gladbach über Voiswinkel nach Odenthal. Oder von Wermelskirchen über Dabringhausen. Ebenso von Leverkusen (BAB) über Schlebusch / Schildgen nach Odenthal.

Einkehrmöglichkeiten: Gasthaus „Forellenhof" (Mo. Ruhetag), Gasthaus „Höffer Hof" (Do. Ruhetag).

Zur größten Trinkwassertalsperre Deutschlands

Die Große Dhünntalsperre bei Dabringhausen ist die größte und modernste Talsperre des Bergischen Landes. Sie wurde nach 10jähriger Bauzeit und einem 3jährigen Probestau im September 1988 in Betrieb genommen.

Noch Ende der 70er Jahre hätte man im heutigen Talsperrenbereich zu einigen Bauernhöfen hinwandern können, doch mittlerweile erstreckt sich dort, im Tal der Dhünn, ein riesiger Stausee, der mit 81 Mio. cbm Wasserinhalt sogar zu den größten Trinkwassertalsperren Deutschlands zählt.

Er stellt für einen Großteil der Bevölkerung im Bergischen Land, vor allem aber für die Menschen in den Großstädten Solingen, Remscheid und Wuppertal, nicht zu vergessen jedoch auch für die Bayer-Metropole Leverkusen, das tägliche Trinkwasser bereit.

Mit dem Bau der Sperre war bereits im April 1975 begonnen worden. Vorher bestand lediglich am Oberlauf der Dhünn ein kleiner Stausee, die heutige „Vorsperre".

Da die Hangwälder rund um die Große Dhünntalsperre vielfältige Schutzfunktionen im Wasser- und Klimahaushalt innehaben, wurde rings um das neue Staubecken kein Talsperren-Rundweg angelegt.

Die an der Vorsperre bereits vorhandene Rundwanderstrecke wurde jedoch größtenteils belassen. An dem neu angelegten großen Stausee wurden dagegen sämtliche Wege für die Öffentlichkeit weitestgehend abgeriegelt. Lediglich der Hauptstaudamm ist für Besucher zugänglich und stellt an der größten bergischen Talsperre auch das reizvollste Wanderziel dar.

Am schönsten gestaltet sich die Wandertour zum Staudamm der Großen Dhünntalsperre von Altenberg aus; man wandert dort auf Waldwegen im Talboden der Dhünn gemächlich aufwärts, bis man am Fuße des großen Staudamms steht und auf einem Sträßchen rasch zu ihm hinaufgelangt.

Wandervorschlag: Länge: 10 km
Reine Gehzeit: 2$^1/_2$ bis 3 Std.
Ausgangspunkt: Wanderparkplatz „Schöllerhof"

Man startet zu dieser Wanderung am vorteilhaftesten 1 km östlich des „Bergischen Domes" zu Altenberg – einem Juwel früher Gotik und wohl auch bekanntestes Ausflugsziel des Bergischen Landes.

Am großen Wanderparkplatz „Schöllerhof", an der Straße von Altenberg nach Dabringhausen gelegen, biegen wir rechts ab und wandern auf dem asphaltierten Feldweg zunächst hinüber zur Dhünnbrücke.

Dort teilen sich die Wege. Wir gehen links im Tal der Dhünn weiter und kommen auf einem Waldweg nach einer $^1/_2$ Stunde zum ziemlich versteckt liegenden „Forsthaus in der Aue". Bei der folgenden Wegverzweigung bleiben wir weiterhin dem breiten Talweg treu. Bald darauf taucht seitlich des Weges das schloßartige „Haus Haniel" auf, einst Jagdsitz eines Großindustriellen, heute ein Erholungsheim. Links zweigt ein Weg zum Heim ab. Wir bleiben jedoch auf dem Talweg und kommen nach einer Weile zu einem mitten im Wald gelegenen Rastplatz mit Bänken und Tischen und einem uralten Torbogen. An der Dhünn entlang wandernd erreichen wir bald danach den einsamen Loosenau-Hof.

Dort betreten wir ein asphaltiertes Sträßchen und steigen auf ihm in zwei Kehren, an der ehemaligen Jugendherberge und heutigen Kreis-Sozialeinrichtung hinauf gen Lindscheid. Doch noch vor den ersten Häusern des klei-

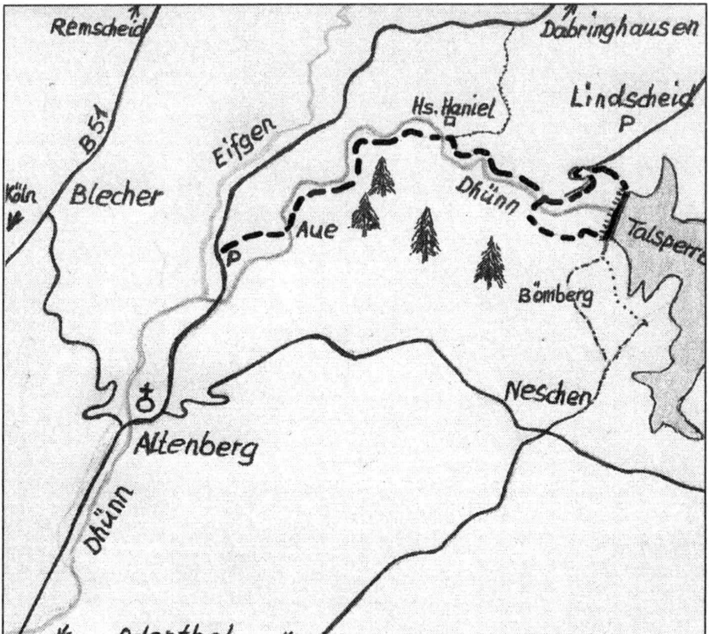

nen Dorfes hält rechter Hand ein großes Eisentor einen Durchlaß für die Wanderer zum nahen Stausee offen.

Über den 60 m hohen Damm, der drunten in der Loosenau noch eine Breite von 200 m besitzt, hier droben auf seiner Krone jedoch nur noch 8,50 m mißt, wechseln wir hinüber auf die andere Talsperrenseite.

Dort biegen wir abermals rechts ab und kehren schließlich wieder in die einsame Loosenau zurück. Über ein kleines Brückchen überschreiten wir die Dhünn. Hinter dem großen Gehöft kreuzt schließlich ein Weg das gesamte Talbett und führt uns wieder auf die rechte Talseite hinüber. Danach folgen wir dem Flußlauf der Dhünn auf bereits bekanntem Wege wieder zurück zum Wanderparkplatz „Schöllerhof".

Anfahrt: Von Bergisch Gladbach oder Leverkusen (BAB) über Schildgen–Odenthal. Oder von Wermelskirchen (BAB) auf der B 51 über Hilgen nach Odenthal-Blecher und auf kehrenreicher Straße hinab nach Altenberg.

Einkehrmöglichkeiten: Am Wege keine; in Altenberg: Restaurant „Märchenwald", „Küchenhof" und „Altenberger Hof".

Bei Schloß Lerbach durch den Gronauer Wald

An der großen, gepflegten Parkanlage des „Schloßhotels Lerbach", am östlichen Stadtrand von Bergisch Gladbach (zwischen den Ortsteilen Heidkamp und Sand), liegt der Startpunkt für diese schöne Rundwanderung durch den Gronauer Wald.

Sie führt uns nicht nur in die Nähe eines weiteren Schlosses heran, sondern leitet uns auch an zwei mitten im Wald gelegenen, idyllischen Weihern vorbei.

Absolute Höhepunkte bleiben jedoch die zwei bergischen Schlösser. Das ältere der beiden, das heutige „Schloßhotel Lerbach", weist bereits ein stattliches Alter auf, denn erstmals aktenkundig wird es bereits 1384, als eine Familie von Oeßbrügge den damaligen „Lerbach-Gutshof" für 25 Goldgulden an Ritter Johann von Hoenen verpfändet. Der alte „Rittersitz" wechselte im Laufe der Jahrhunderte dann mehrfach den Besitzer, ehe er 1836 an Eduard Knobel kam, den lebenslustigen „Rentner aus London". Der Hof war mittlerweile in eine Wasserburg umgebaut worden, die Knobel nun wiederum nach dem Vorbild englischer Herrensitze im klassizistischen Stil umwandeln ließ; zuvorderst mit einer Halle durch zwei Stockwerke und einer breiten Galerie. 1893 kaufte der Gladbacher Papiermühlenfabrikant Richard Zanders das „Schlößchen" auf.

Seit 1954 ist in ihm ein Hotel untergebracht, das heute von einem wunderschönen Park mit Teich, Weltzeituhr und kleinem Pavillon umgeben wird.

Wirklich ein idealer Ausgangspunkt für unsere Rundwanderung durch den Gronauer Wald zu den Hardt-Weihern.

Unterwegs erblickt man auch Schloß Bensberg. Seit dem 1. Dezember 1996 werden jeweils am ersten Sonntag des Monats Führungen durch das Innere des 1710 fertiggestellten Prunkbaus angeboten. Der Düsseldorfer Kurfürst Jan Wellem ließ das Schloß 1703 bis 1710 von Matteo Alberti errichten. Das Vorbild für den Bensberger Barockbau war das Schloß des Sonnenkönigs Ludwig XIV. in Versailles. Der venezianische Baumeister Alberti übernahm aber auch Stilelemente des Winchester Castle in England.

Wandervorschlag: Länge: 6 km
Reine Gehzeit: $1^{1}/_{2}$ Std.
Ausgangspunkt: Schloßparkplatz Lerbach, Bergisch Gladbach

Vom Wanderparkplatz am „Schloßhotel" folgen wir dem Zeichen „A 1" zunächst nach rechts, gute 100 m an der Lerbacher Straße entlang, und biegen dann vorm „Eichenhof" links (Wandertafel) ab. Durch Nadel- und Laubwald wandern wir 10 Min. lang geradewegs leicht aufwärts zu einer Waldkuppe mit einem Gedenkkreuz; danach geht's kurz abwärts – ins Milchborntal. Am Café „Waldstuben" wendet sich unser Weg anschließend im Bogen nach links und verläuft nun eine ganze Weile an der Nordseite Bensbergs entlang – mit schönem Blick auf den großartigen Schloßkomplex. Am Bensberger Freibad vorüber gelangen wir durch das verträumte Milchborntal stets gemächlich weiter aufwärts und kommen schließlich zu einem kleinen stillen Gewässer rechts des Weges, dem Kadettenweiher. Hundert Schritte darauf sichten wir auch schon das nächste Seelein, den noch idyllischeren Hardt-

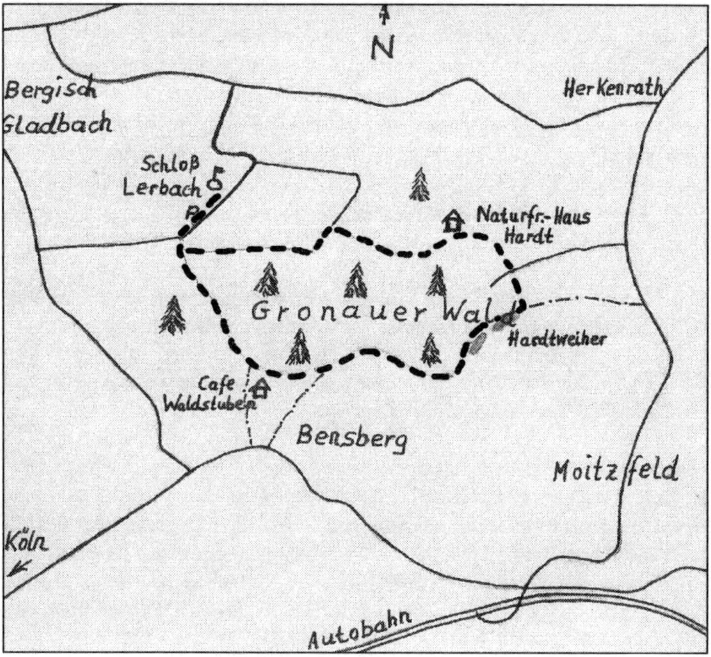

weiher, in dem sich die Lärchen und Hölzer wunderschön widerspiegeln. Unser Weg führt an der linken Seite des Weihers noch ganz entlang; am See-Ende verlassen wir dann aber den breiten Hauptweg, biegen mit dem Zeichen „A 1" nach links ab und steigen etwas steiler den Waldhang bergauf zu den „Hardtknippen". Droben – an einem Unterstandshüttchen – treffen wir auf ein querverlaufendes Sträßchen. Wir gehen jedoch geradeaus weiter und nähern uns alsbald dem „Naturfreundehaus Hardt" (ein Ferienheim des TV Naturfreunde, ganz im Wald gelegen, mit kleinem benachbarten Rodelhang und Grillplatz). Am „Haus Hardt" gehen wir geradeaus weiter und gelangen auf breitem Waldweg immer sachte abwärts. Nach 500 m biegen wir jedoch mitten im Gronauer Wald mit „A 1" nach links ab; 200 m später folgen wir dem gleichen Zeichen dann wieder nach rechts.

Danach ist es nicht mehr weit bis zum Lerbacher Schloßhotel, so daß wir schon nach wenigen Minuten durch den Wald zurückkommen zum Wanderparkplatz vor dem herrlichen Schloßpark.

Anfahrt: Von Bergisch Gladbach fährt man Richtung Bensberg bis zur Kirche in Heidkamp. Dort links abbiegen und knapp 1,5 km Richtung Sand bis zum Schloßparkplatz.

Einkehrmöglichkeiten: Café „Waldstuben", Naturfreundehaus Hardt, Schloßhotel Lerbach.

Besonderes: Von März bis Oktober startet im Schloßpark bei schönem Wetter täglich ein Heißluftballon – ein spezielles Freizeitangebot des Schloßhotels: ein „Rundflug im Ballon übers Bergische Land".

Von der Diepeschrather Mühle in den Wildpark Dünnwald

Zwischen dem Bergisch Gladbacher Ortsteil Paffrath und dem Kölner Stadtteil Dünnwald breitet sich ein riesiges Waldgebiet aus, das nicht nur von zahlreichen Wanderwegen durchzogen wird, sondern auch zwei wirklich interessante Attraktionen besitzt: die alte Diepeschrather Mühle mit einem hübschen Waldgasthaus, einem kleinen Angelpark, einem Waldteich und einem Kinderspielplatz und dazu am anderen Ende des Waldes der sehenswerte Dünnwalder Wildpark. Hautnah erlebt man dort das Gerangel der Rehe, Hirsche und Wildschweine um die besten Futterplätze. Die quicklebendigen kleinen Frischlinge und respekteinflößenden Alteber sind wirkliche „Nimmersatt". Da macht es den Kindern sichtlich Spaß, sie füttern zu dürfen. Und nach der 6 km langen Rundwanderung lädt dann das Waldgasthaus „Diepeschrather Mühle" noch zur Einkehr. Es steht gleich neben der alten Kornmühle.

Schon im Jahre 1320 als eine der ältesten Besitzungen des Klosters Dünnwald urkundlich genannt, war die „Diepeschrather Mühle" einst eine der drei großen Getreide- und Ölmühlen am Mutzbach. Eine weitere, die „Walksmühle", befand sich in Dünnwald, und die „Paffrather Mühle" im heutigen Bergisch Gladbacher Stadtgebiet. Der Besitztum der immer noch recht gut erhaltenen „Diepeschrather Mühle" wechselte im Laufe der Jahrhunderte mehrmals. Zwischen 1803 und 1934 stand sie erst im Besitz des Herzogs Wilhelm von Ober- und Niederbayern, danach gehörte sie eine Zeitlang der Gemeinde Paffrath und der Stadt Bergisch Gladbach. Seit 1934 befindet sie sich nunmehr in Privathand und wurde 1983 großzügig restauriert. Noch heute ist ihr altes Wassermühlrad zu bestaunen.

Wandervorschlag: Länge: 6 km
Reine Gehzeit: 1½ Std.
Ausgangspunkt: Wanderparkplatz „Diepeschrather Mühle"

Genau gegenüber vom Gasthaus „Diepeschrather Mühle", bei der Wandertafel, spazieren wir auf dem breiten Fußweg südwärts geradeaus in den Wald hinein. Links, etwas abseits unseres Wanderweges, liegt ein Spielplatz mit Grillhütte und kleinem Weiher. Wir gehen jedoch zunächst weiterhin geradeaus. Erst nach knapp 10 Minuten biegen wir hinter einer eisernen Wegschranke, bei einem uralten Stein-Wegweiser des Kölner-Eifelvereins, nach rechts ab.

Nach 100 Meter halten wir uns dann nochmals rechts und wandern auf einem schmalen Waldweg an einem Baggersee (Regenrückhaltebecken) vorbei, zur Diepeschrather Straße. Ihr folgen wir aber lediglich ein paar Schritte nach links bis schräg gegenüber wieder ein abgeschrankter Waldweg nach rechts abzweigt. Er leitet uns nun erneut eine ganze Weile schnurgerade durch den Wald. Nach 1 km taucht linker Hand ein zweites Baggerloch auf. Hinter diesem biegen wir bei der folgenden Verzweigung für ca. 100 m nach links ab. Dann leitet uns rechts ein schmaler Waldweg zwischen sieben Erdwällen hindurch und führt uns danach geradewegs auf die mittlerweile bereits sichtbar gewordene Schutzhütte am Rande des Dünnwalder Wildparkes hin.

Unzählige Hirsche, Rehe, Kitze, Eber und Frischlinge besiedeln das weiträumige, licht bewaldete Parkgelände. Wir umwandern längs des Wildzaunes das ganze Damwild- und Wildschweingehege in einem großen Rechtsbogen, stoßen schließlich auf den Mutzbach und folgen rechter Hand dem Bachlauf

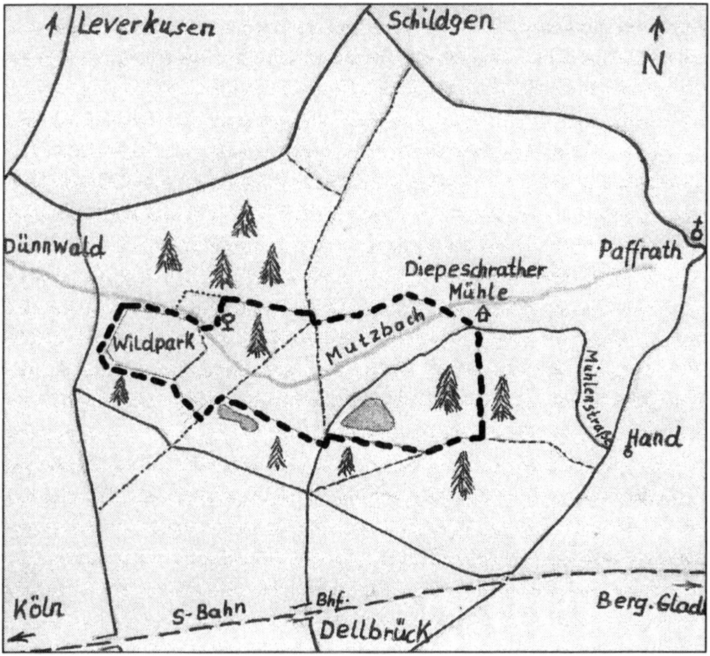

am Hirsch- und Wisentgehege vorbei bis zum zweiten Mutzbach-Holzbrückchen. Dort, am Nordosteck des Wildzaunes, verlassen wir dann das Parkgelände, gehen links, überschreiten den Bach und laufen am „Waldbad" und Campingplatz vorüber, bis 200 m hinter dem Freibadgelände wieder ein Waldweg nach rechts abzweigt. Ihm folgen wir nun fast 1 km stets geradeaus, solange, bis wir auf die asphaltierte Heidgener Straße stoßen und das Clubhaus des Schäferhundevereins erreicht haben. Dort wird das „Landgut Diepeschrath" bereits wieder sichtbar. Ein Wiesenweg leitet uns durch die Pferdekoppeln ziemlich geradlinig auf die Reithallen und Stallungen zu. Zwischen einem kleinen Angelpark und dem Reiterhof führt der Weg schließlich zuletzt an der alten Diepeschrather Kornmühle (mit großem, tiefliegenden Wasserrad) vorbei, zum Waldgasthaus und Wanderparkplatz zurück.

Anfahrt: Von Bergisch Gladbach fährt man zunächst über Paffrath zum Stadtteil Hand. Dort biegt man gegenüber der Kirche rechts in die „Mühlenstraße" ein, die zuletzt durch ein Waldgebiet bis zum Wanderparkplatz an der Diepeschrather Mühle hinführt. Von Köln-Dellbrück besteht ebenfalls eine Zufahrtsstraße.

Einkehrmöglichkeiten: Café am „Waldbad Dünnwald", Gasthaus „Diepeschrather Mühle" (Do. Ruhetag), Restaurant „Landgut Diepeschrath".

Blick auf Selbach im Scherfbachtal (Wanderwegbeschreibung Seite 45)

Die Dhünntalsperre ist die größte und modernste Talsperre des Bergischen Landes (Wanderwegbeschreibung Seite 48)

Attraktives Wanderziel: Schloß Lerbach in Bergisch Gladbach
(Wanderwegbeschreibung Seite 51)

Blick durch das Hauptportal von Schloß Ehreshoven
(Wanderwegbeschreibung Seite 63)

Schloß Heiligenhoven im Lennefer Bachtal
(Wanderwegbeschreibung Seite 66)

Auf Rundwegen um den Hölzerkopf (352 m)
(Wanderwegbeschreibung Seite 69)

Neben der Tropfsteinhöhle ein beliebtes Wiehler Ausflugsziel: das Wildgehege (Wanderwegbeschreibung Seite 72)

Romantischer Blick auf den Brucher Stausee
(Wanderwegbeschreibung Seite 75)

Über die Hoffnungsthaler Berge – auf den Spuren der Erzknappen

Ein waldreicher Höhenrücken, der sagenumwobene Lüderich (260 m), zieht sich zwischen Hoffnungsthal und Untereschbach hin. Das 4 km lange Bergmassiv bildet die höchste Erhebung der Westausläufer des Bergischen Landes zwischen Sülz- und Aggertal.

Der breitgelagerte Hoffnungsthaler Berg ist für unser Gebiet geschichtlich sehr interessant, denn an ihm hat der Abbau von Erzen sichtbare Spuren hinterlassen. Schon vor 300–400 Mio. Jahren lagerten sich im Gipfelbereich ergiebige Erzvorkommen ab, wie Blei-, Zink-, Kupfer- und Eisensulfid. Die ältesten bekannten Erwähnungen des Lüderichs stammen sogar aus dem 13. Jahrhundert. Und in einer Urkunde vom 5. Juli 1518 wird der Berg bereits zum ersten Mal in Zusammenhang mit dem Erzabbau genannt. An der Gipfelkuppe befindet sich aber auch ein Ringwall aus der Hallstattzeit (ca. 600 bis 500 v. Chr.), der darauf schließen läßt, daß hier schon weit vor unserer heutigen Zeitrechnung Menschen nach seltenen Erzen schürften. Auch sind alte Sagen und Legenden aus einer vorgeschichtlichen Bergbautätigkeit überliefert.

Die neuere Geschichte des Bergbaus auf dem Lüderich beginnt dagegen erst im 19. Jahrhundert. Denn erst 1830 fanden Arbeiter am Hang des Berges bei Altenbrück (als sie Steine für den Bau der Straße Köln–Olpe brachen) auch Bleierzvorkommen. Daraufhin wurde im Jahre 1837 mit dem Bau des „Lüderichstollens" begonnen, dem weitere Gruben folgten. Bis zum 1. Weltkrieg florierte der Bergbau. Danach ging's jedoch steil bergab, Grubenstillegungen waren die Folge. Eine einzige Grube wurde 1934 aber wieder in Betrieb genommen. Der Bergbau erhielt nochmals Aufschwung – und als man 1950 sogar noch eine neue, reiche Lagerstätte am Berg fand, konnte man vorübergehend sogar noch mal in vollen Touren abbauen. Niedrige Umsätze und zur Neige gehende Zink- und Bleierzreserven waren aber letztendlich die Ursache dafür, daß auch die „Grube Lüderich" als letzte am 31. Oktober 1978 schließen mußte.

Schon zweimal versuchte man aber auch, einen Aussichtsturm auf dem Berg zu errichten, doch die Pläne scheiterten stets am fehlenden Geld.

Wandervorschlag: Länge: 9 km
Reine Gehzeit: $2^{1}/_{2}$ Std.
Ausgangspunkt: Berta-Apotheke in Untereschbach-Steinenbrück (Parkplatz)

Schräg gegenüber von der „Berta-Apotheke“ in Overrath-Steinenbrück folgen wir zunächst den Wanderzeichen „A 1“ und „A 2“ auf der Bücheler Straße den Berghang aufwärts. Nach $^{1}/_{2}$ km durchschreiten wir eine S-Kurve und wandern anschließend auf der Bergwerkstraße weiter. Bald darauf wird rechts am Waldrand auf einer Kuppe der Förderturm des Hauptschachtes (Blei/Zink) sichtbar – unser erstes Ziel. Nach einem Abstecher haben wir ihn schon bald erreicht und genießen von der freien Kuppe einen wunderschönen Weitblick über die Täler und Höhen des Bergischen Landes.

Vor dem Bergwerks-Turm biegen wir dann mit Zeichen „A 2“ nach links ab, kommen alsbald in den Wald und laufen fortan über die langgestreckte Höhe weiter. Bald verläßt uns Zeichen „A 1“ (nach rechts). Wir wandern dagegen geradeaus weiter, tauchen in ein Fichtenwäldchen ein und bleiben

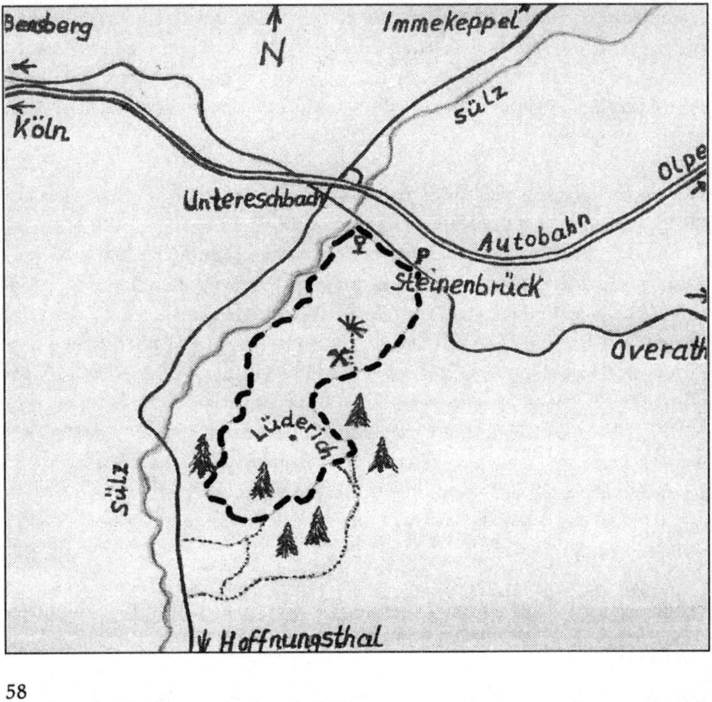

dem „A 2"-Wanderzeichen des SGV auch nach Einmündung des Weges „X" treu. Dieser kommt von der bewaldeten Gipfelkuppe des Lüderichs herab, auf der sich nur ein Wasser-Hochbehälter (mit 500 cbm Inhalt) der Gemeinde Rösrath befindet – Aussicht bietet er dagegen keine.

Wir bleiben daher auch an den folgenden Wegverzweigungen stets dem Rundweg „A 2" treu, der uns ganz um die Kuppe des Berges herum leitet. In einer Waldlichtung stoßen wir schließlich auf ein einsam gelegenes Haus. Kurz danach biegt unser Wanderweg nach rechts ab und verläuft nun in westlicher Richtung genau aufs Sülztal zu. Oberhalb freier Wiesenhänge kommen wir schließlich zu einem weiteren alleinstehenden Fachwerkgehöft. Dort biegen wir abermals nach rechts ab und gelangen über eine Anhöhe, bald Weg „X 22" kreuzend, im Bogen bis nahe ans Sülztal heran. Hoch über dem Talboden wandern wir dann allmählich bergab und erreichen schließlich nach 2 km die Talwiesen. Am Sülz-Flüßchen entlang, ist es nun nicht mehr allzu weit bis zur Olper Straße in Untereschbach-Altenbrück. Dort rechts haltend, kommen wir am „Alten Zollhaus" (von anno 1486) vorbei, rasch wieder zurück zu unserem Ausgangspunkt in Steinenbrück.

Anfahrt: BAB Köln–Olpe, bis Autobahnabfahrt Untereschbach; von dort Richtung Overath bis Parkplatz Zentrum / Apotheke Steinenbrück.

Einkehrmöglichkeit: Gasthaus „Altes Zollhaus".

Tal- und Höhenwanderung bei Schloß Auel

Das weiße Barock-Schößchen Auel zwischen Overath und Lohmar zählt zu den besterhaltensten Schlössern des Bergischen Landes. 1391 als Wasserburg unter Peter van Auel erstmals urkundlich genannt, erhielt es in der Barockzeit seine heutige dreiflügelige Form. Denn auf dem ehemaligen Grundriß der ursprünglich wasserumwehrten Burganlage errichtete 1763 Peter Josef von Proff das heutige Barock-Schlößl. Dieses ging schließlich in den Besitz des französischen Adelsgeschlechtes la-Valette – St. George über. So kam es, daß im November 1811 sogar Napoleon als Gast des Marquis de la Valette auf Schloß Auel weilte. Aber auch Zar Alexander machte einmal auf seiner Reise von Rußland nach Paris im Jahre 1815 Station am Schloß im Aggertal. Und auch Kaiser Wilhelm II. war oft gesehener Gast. Aus dieser Zeit stammen auch verschiedene historische Anekdoten: „So soll ein Mitglied der kaiserlichen Familie den damaligen Gärtner von Schloß Auel einmal gefragt haben, warum denn die Seerosen auf dem Schloß-Teich so große Blätter aufwiesen. August, der Gärtner, soll daraufhin geantwortet haben: Do jon die Fische dronger, wenn et räänt. (Da gehen die Fische drunter, wenn es regnet.)"

Gekrönte Häupter als Gast auf Schloß Auel – ein Kleinod im Aggertal. Am Rande einer Teichanlage und eines Wäldchens gelegen, strahlt es noch heute etwas von seiner unverwechselbaren, jahrhundertealten Tradition und Atmosphäre aus ... und öffnet jedem Besucher seine Tore. Denn das noch im Familienbesitz befindliche Schloß wird seit 1951 als Hotel/Restaurant geführt und ist für manch einen mehr als nur einen Spaziergang oder eine Rundwanderung wert.

Wer es nicht nur auf dieser kleinen Wandertour kennenlernen möchte, dem sei verraten, daß man als Hotelgast auch heute noch seine Glieder unter dem Baldachin desselben Bettes ausstrecken kann, in dem einst der große Korse 1811 nächtigte ...

Wandervorschlag: Länge: 5,5 km
Reine Gehzeit: $1^1/_2$ Std.
Ausgangspunkt: Landgasthaus „Naafs-Häuschen" in Lohmar-Wahlscheid

Als Ausgangspunkt für unsere Rundwanderung bietet sich recht günstig das Landgasthaus „Naafs-Häuschen“ an der B 484 zwischen Overath und Lohmar an. Vom großen Parkplatz am Gasthaus (Wandertafel) überqueren wir erst einmal die B 484, überschreiten kurz darauf auf einem hölzernen Fußgängerbrückchen die Agger und wandern anschließend im Rechtsbogen am Rande von Honsbach entlang durchs wiesengeschmückte Aggertal genau auf Neu-Honrath zu. Vor dem Ort biegen wir jedoch scharf nach rechts ab und folgen der Dorfstraße über die Aggerbrücke hinweg zur Ortschaft Bachermühle hinüber. Wir kreuzen hier nun abermals die B 484 und stoßen genau gegenüber, hinter den letzten Häusern, auf einen abgeschrankten Waldweg, der stets parallel der Hauptstraße am Waldrand entlang genau auf Schloß Auel zustrebt. Unter schönen Allee-Bäumen läuft er schließlich im Schloßpark aus. Hier lohnt es sich, im Schatten der uralten Blutbuchen kurz zu rasten. Denn in der kleinen Teichanlage spiegelt sich der barocke Schloß-Bau samt Türmchen und Kapelle wunderschön wider.

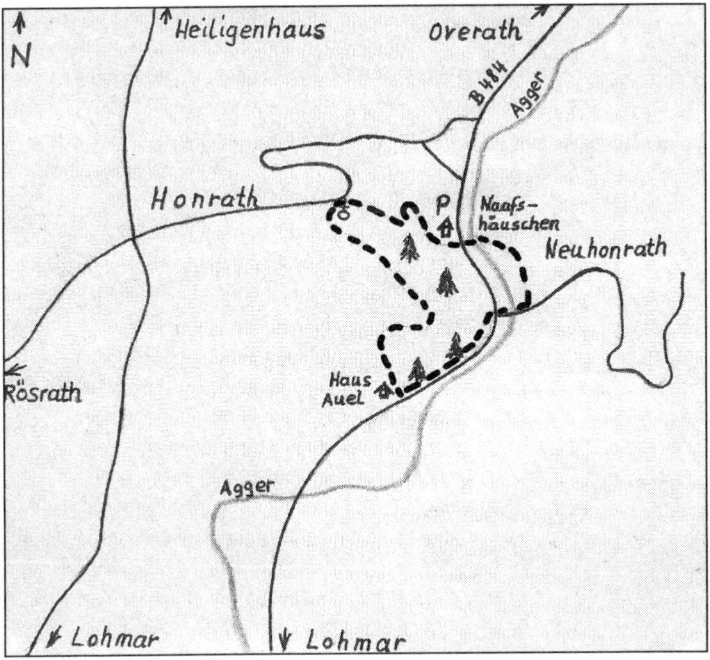

Bevor wir die Wanderung fortsetzen und vor dem Schloß nach rechts abbiegen, empfiehlt es sich aber auch noch, einen Blick ins Schloßkapellchen zu werfen. Danach folgen wir dem Wegzeichen „A 3" an mehreren kleinen Teichen vorbei zum Waldrand. Dort verlassen wir den breiten Fußweg, vertrauen uns aber weiterhin dem Zeichen „A 3" an, das uns rechter Hand auf laubreichem Waldpfad aus der Tiefe des Aggertales hinausleitet und durch eine lichte Baumgruppe etwas steil empor führt nach Windlöck. Am Rande einer großen Wiese kommen wir schließlich (zuletzt über eine Holzstiege) zum einsamen Windlöcker Bauerngehöft im schönen Fachwerkstil. Hinter dem Hof stoßen wir auf ein schmales Sträßchen, daß über einen aussichtsreichen Höhenrücken (mit Sendemast) noch ein Stück weiter aufwärts zieht und uns bis weit ins Bergische blicken läßt. Dem Sträßchen folgen wir bis Honrath. Dort biegen wir an der Kirche dann nach rechts ab und schlendern auf breitem Wege (nun mit Zeichen „A 1") durch Wald wieder abwärts. In einer großen Kehre zweigt unterwegs wieder ein Weg (nach rechts) zum Schloß Auel ab. Wir folgen an dieser Verzweigung dagegen dem Hauptweg geradewegs durch Wald weiter und kommen, stellenweise etwas steil, direkt zum Gasthaus „Naafs-Häuschen" zurück.

Anfahrt: BAB (Köln–Olpe) bis Autobahnabfahrt Overath, anschließend auf der B 55 bis Overath-Zentrum; dort links abzweigen und auf der B 484 ca. 4 km in Richtung Lohmar fahren – bis Landgasthaus „Naafs-Häuschen"

Einkehrmöglichkeiten: „Schloßschänke Auel" und Gasthaus „Naafs-Häuschen".

Von Hohkeppel in die „Bergische Schweiz"

Weitaus älter als viele Orte und Städte im Bergischen Land ist das kleine Dorf Hohkeppel auf der Berghöhe zwischen dem Aggertal und dem Lindlarer Lennefetal. Der hübsche alte Kirchort war einst im Besitz des Kölner Severinsstiftes und soll bereits im Jahre 958 von den Brüdern Walfried und Humfried gestiftet worden sein. Noch heute kann das Dorf etliche interessante alte Bauwerke vorweisen. Kulturhistorisch am bedeutsamsten ist das Fachwerkhaus „Weißen Pferdchen" mit riedgedecktem Dach. Das Gebäude stammt aus dem Jahre 1688 und war früher eine Pferdewechselstation der bergischen Postkutschenlinie an der Höhenstraße. Hohkeppel hat sich in den letzten Jahren aber auch als „Golddorf" einen Namen gemacht. Denn bei dem Wettbewerb „Unser Dorf soll schöner werden" errang es mit seinen denkmalgeschützten alten Fachwerkhäusern, die uns einen kleinen Einblick in die geschichtliche Vergangenheit des Bergischen Landes vermitteln, mehrfach höchste Auszeichnungen. Und am Rast- oder Zielpunkt unserer Wanderung, dem herrlich gelgenen Waldcafé „Bergische Schweiz", erhalten wir dazu noch einen wunderschönen Fernblick und schauen auf Schloß Ehreshoven im Aggertal hinab. Dieses Schloß zählt zu den eindrucksvollsten im gesamten Bergischen Land. Schon um 1355 war es Sitz der Herren und späteren Grafen von Nesselrode. In seiner heutigen Form, als Wasserschloß mit Park, Burggemäuer und Türmchen wurde es in der zweiten Hälfte des 17. Jahrhunderts erbaut. Von innen kann das Schloß allerdings nicht besichtigt werden. Lediglich die Vorburg mit ihren geschweiften Hauben und dem angrenzenden Wassergrabensystem als auch der Innenhof des dreiflügeligen Barockschlosses können eingesehen werden. Der durch Eckquaderung hervorgehobene schloßartige Mittelbau prunkt inmitten des großen Innenhofes und ist durch eine Freitreppe mit einem wappengekrönten Portal geschmückt.

Wandervorschlag: Länge: 4 km bzw. 6 km
Reine Gehzeit: 1 Std. bzw. 1½ Std.
Ausgangspunkt: Hohkeppel – Kirchplatz

Direkt neben der Dorfkirche in Hohkeppel, auf dem Laurentiusplatz, finden wir etliche Parkmöglichkeiten. Von dort sind es auch nur einige wenige Schritte bis zum schönen Fachwerkgebäude „Weißen Pferdchen", in dem heute die Dorf-Bücherei untergebracht ist. Dem Sträßchen folgen wir mit

Zeichen „X“ und „A 1“ am „Weißen Pferdchen“ vorbei geradeaus weiter. Rasch kommen wir aus dem Dorf heraus in freie Felder. Bei dem verschieferten, einzeln stehenden Haus halten wir uns dann nach rechts, folgen dem „X“ und kommen alsbald auf der Kleuelshöhe zu einer Wegespinne. Hier leitet uns das Schild „Waldcafe Bergische Schweiz“ geradeaus weiter. Wir lassen das große Gehöft rechts des Weges liegen und erreichen rasch den Waldrand. Dort verläßt uns der Weg mit dem Zeichen „A 1“. Wir bleiben dagegen auf dem asphaltierten Hauptweg und schlendern im Schatten alter Bäume nun noch 10 Min. leicht bergab. Dann sichten wir urplötzlich rechter Hand das versteckt in einer Lichtung stehende Waldcafe. Nach Süden, zum Aggertal hin, wird der Blick von seiner hübschen Gartenterrasse aus frei, und wir können über das ganze Tal hinweg schauen bis zur Hochbrücke der bergischen Autobahn Köln–Olpe. Davor, tief drunten im Tale, liegt verträumt Schloß Ehreshoven. Zum Waldcafé gehört auch noch ein kleiner Wildpark mit Rehen und Hirschen, die gefüttert werden dürfen. Außerdem wartet auf Kinder noch ein Waldspielplatz.

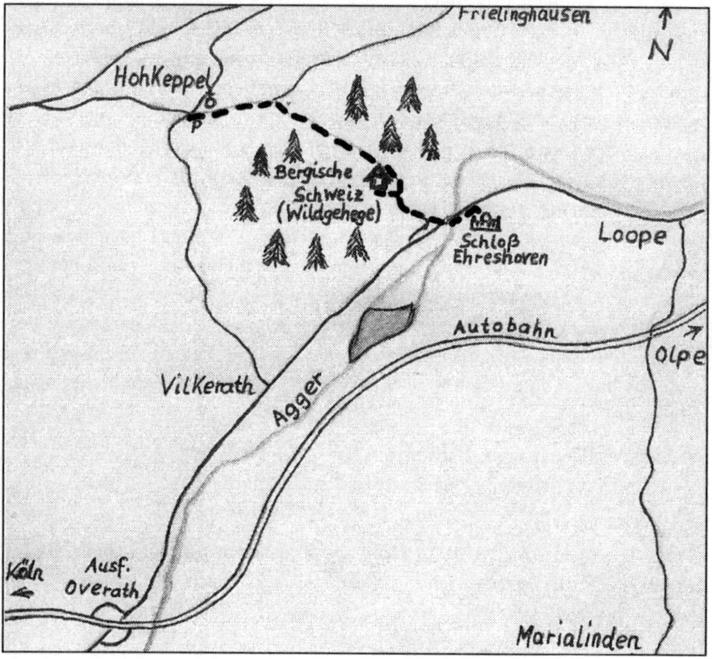

Auf Wunsch kann man vom Café nun auch noch weiter zum Schloß im Aggertal absteigen. Das asphaltierte Sträßchen mit dem Wegzeichen „X" führt weiter talwärts. Nach ca. 500 m verläßt man dann jedoch in einer Rechtskurve das Straßerl und geht mit Zeichen „X" geradeaus zwischen den Häusern der Ortschaft Unterstaat hindurch ins Aggertal hinunter. Dort wendet man sich noch kurz nach links und steht bald schon vor dem Schloß.

Der Rückmarsch nach Hohkeppel erfolgt stets auf gleichem Wege.

Anfahrt: BAB (Köln–Olpe) bis Autobahnabfahrt Overath, dann rechts und durchs Aggertal bis Vilkerath. Dort links abzweigen und auf Landstraße nach Lindlar-Hohkeppel.

Einkehrmöglichkeiten: Waldcafé „Bergische Schweiz" (freitags Ruhetag), „Hohkeppler Hof".

Durch Wälder und Parkanlagen von Schloß Heiligenhoven

Ein Kranz von Waldkuppen und Kapellen schmückt die ländliche Naturpark-Gemeinde Lindlar, die zu den ältesten Kirchdörfern des Bergischen Landes zählt. Der Ort wurde bereits 1109 erstmals erwähnt und gehört zu den frühesten Siedlungen im Bergischen überhaupt.

2 km südwestlich des Ortes, im Lennefer Bachtal, liegt das „Schmuckstück Lindlars": das Schloß Heiligenhoven. Es stammt teilweise noch aus dem 14. Jahrhundert. Der zweiteilige barocke Schloßbau liegt eingebettet in einen gepflegten Park mit 1000jährigen Eiben am Rande eines Auenwaldes. Der Schloßpark entstand in seiner jetzigen Anlage bereits in den Jahren 1758–1760. In den jahrhundertealten Baumbestand wurden weite Grünflächen als auch ein großer Weiher mit einbezogen. Da der gesamte Gebäudekomplex ursprünglich als Wasserburg konzipiert war, wird das Schloß noch heute von einem Wassergraben umgeben, der vom Lenneferbach gespeist wird. Den Mittelpunkt bildet das dreistöckige Herrenhaus, davor erstreckt sich der langgezogene Trakt der Vorburg. Die ursprüngliche, spätgotische Burganlage war im 18. Jh. abgebrochen worden. In den Jahren 1758–1760 ließ Reichsritter Josef von Brück an gleicher Stelle dann die heutige barocke Schloßanlage mit einer symetrischen, zweiflügeligen Vorburg errichten. Durch Freiherr von Fürstenberg zu Herdringen wurde diese einige Jahrzehnte später noch etwas umgestaltet. Die nach einem verheerenden Brand im Jahre 1973 wieder aufgebaute heutige Schloßanlage gehört seit 1956 dem Sozialwerk Adam Stegerwald und dient seit einigen Jahren als Familienerholungsstätte und als Ausflugs-Café.

Östlich des Schlosses befindet sich der Lindlarer Freizeitpark mit Teichanlage, Blumen- und Spielwiesen, während sich westlich des Schloßparkes ausgedehnte Waldgebiete anschließen; einfach ideal für eine herrliche Rundwanderung.

Wandervorschlag: Länge: 5 km
Reine Gehzeit: 1¼ Std.
Ausgangspunkt: Schloß Heiligenhoven / Freizeitpark Lindlar

Im ausgedehnten Innenhof des Schlosses wenden wir uns nach rechts und wandern durch den angrenzenden Park, am hübschen Schloßweiher vorbei, zu einem kleinen Bachbrückchen am Parkausgang hinüber. Über dieses gelangen wir nun (rechts) in den nahen Auenwald und folgen dem breiten Forstweg (mit dem Zeichen A 1) auf ca. 1 km Länge gemächlich bergab bis zur kleinen Waldkapelle bei den Ruinen der ehemaligen Burg Unterheiligenhoven aus dem 15. Jahrhundert.

Von dieser ist heute nur noch das Wohnhaus der Vorburg komplett erhalten geblieben. Es dient heute als Bauernhof und ist in Privatbesitz.

Bei der kleinen, etwas versteckt am Waldrand stehenden Kapelle wechselt nun das Landschaftsbild vollkommen. Denn nach einem Linksbogen betreten wir nun sonnige Wiesenhöhen, die hier und da von prächtigen Gehöften geschmückt werden. Mehrmals laden dabei am Waldrand Bänke zur Rast. Das Zeichen „A 1" begleitet uns fortan; bei einer weiteren Kapelle durchstreifen wir wieder ein Wäldchen mit einem Unterstand, und kurz darauf erblicken wir auch schon die ersten Häuser von Lindlar. Linker Hand zweigt hier ein Weg ab und führt direkt zum Schloßpark Heiligenhoven zurück. Unser Rundwanderweg mit dem Zeichen „A 1" leitet uns dagegen noch 400 m

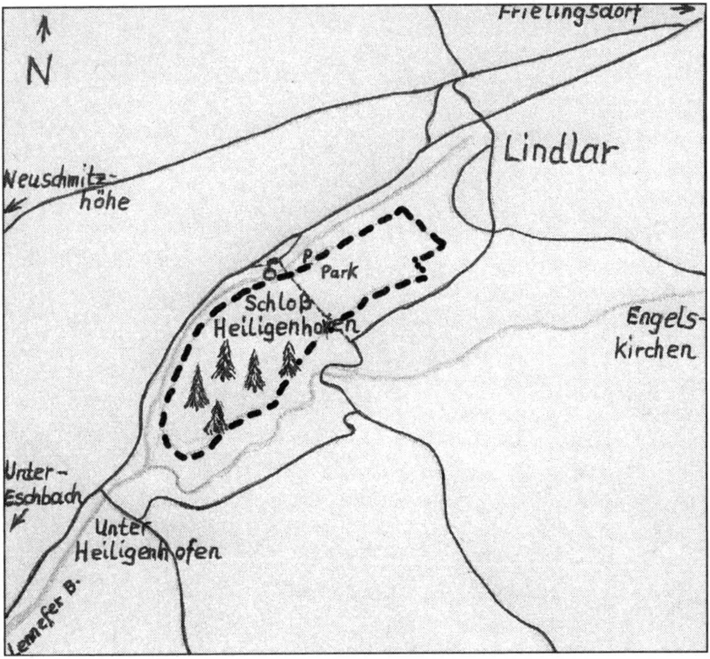

weiter geradeaus durch die Wiesen, umrundet danach die Lindlarer Sportanlagen mit Fußball- und Tennisplatz und führt dann links durch den herrlichen Freizeitpark (mit Teichanlage, Park-Restaurant und Sommer-Biergarten) zurück zum Schloß, das vom kleinen Seerosen-Teich im Freizeitpark bereits auch schon wieder zwischen den Bäumen hindurch schimmert.

Gewiß zählt es zu den schönsten „Perlen" der Lindlarer Region, und der Schloßpark vermittelt uns zum Abschluß unserer Wanderung nochmals einen Einblick von der großzügigen Weiträumigkeit barocker Schloßbauten des 18. Jahrhunderts.

Anfahrt: BAB Köln–Olpe, bis Autobahnabfahrt Untereschbach; von dort auf Landstraße über Immekeppel bis 1 km vor Lindlar; dort (rechts) Parkplatz am Freizeitpark und am Schloß Heiligenhoven.

Einkehrmöglichkeiten: Schloßcafé Heiligenhoven und Restaurant im Freizeitpark.

In die „Bergische Rhön" – auf Rundwegen um den Hölzerkopf

Wer sich von Westen, vom Rheintal her, ins Bergische Land aufmacht, um auf den Lindlarer Höhen zu wandern, fährt spürbar „ins Gebirge". Denn unsere Wanderroute rund um den Hölzerkopf verläuft immerhin oberhalb der 300-Meter-Höhenlinie. Sie wechselt dabei droben am langgezogenen Höhenrücken des Berges mal auf die Aggertal-Seite, mal auf die Lindlarer Talseite und bietet so unterwegs des öfteren herrliche Fernblicke über das Bergische Land. Der höchste Punkt des 352 m hohen Bergkopfes ist zwar vollkommen bewaldet, doch seine Nordhänge, an denen unser Wanderweg zur Holzer Alm entlangführt als auch sein langgestreckter Ostkamm – immerhin 327 m hoch – bieten an klaren Tagen wirklich wunderschöne Ausblicke in die Umgebung: Im Norden ist dabei der gesamte Ferien- und Freizeitort Lindlar sichtbar, im Hintergrund überragt vom Brungerst (354 m, mit Sendemast) und den bergischen Höhen. Und gegen Osten schaut man über Fichtenschonungen hinweg bis ins Aggertal hinab, wo sich ein paar weitverstreute Ortschaften oberhalb von Engelskirchen wie „Spielzeugdörfchen" an den Fuß der rundgebuckelten Hohen Warte (360 m, mit Fernsehturm) schmiegen. Dazu blickt man durch eine Waldlichtung noch weit nach Südwesten – übers ganze Aggertal hinweg – bis hinüber zu den markanten Kirchturmspitzen von Marialinden / Overath.

Einen besonderen Reiz erhält unsere Rundwanderung um den Hölzerkopf obendrein zwischen April und Oktober noch durch die Segelflieger. Denn droben am Gasthaus „Bergische Rhön" (311 m) befindet sich bereits seit 40 Jahren ein kleiner Segelflugplatz. Vom Höhenweg können wir die Kunst der Flieger am Himmel ausgiebig studieren. Mehrmals laden dazu am Wegrand Bänke zur Rast. Die „Stars" unter den Segelfliegern möchten natürlich so lange wie möglich in den Lüften bleiben. Nach ihren Vorstellungen wollen sie in ferner Zukunft gar einmal so lange gleiten, daß ihr maximales Sinken bei 200 km/h lediglich nur noch einen Meter pro Sekunde beträgt.

Wandervorschlag: Länge: 5 km
Reine Gehzeit: $1^1/_2$ Std.
Ausgangspunkt: Wanderparkplatz „Bergische Rhön"

Vom Gasthaus wandern wir zunächst am Hang des Hölzerkopfes entlang westwärts und kommen auf einem asphaltierten Fahrweg (Wegschild) zur

1 km entfernten Holzer Alm hinüber. Ein einzelnes Gehöft und die kleine Alm-Pension liegen nacheinander am Wege. Hinter der Alm gelangen wir auf einem Feldweg rasch zum Waldrand. Dort teilen sich die Wege. Halbrechts führt ein Waldweg nach Loope (ins Aggertal) hinunter. Wir wenden uns hier dagegen scharf links und folgen ab nun für mehr als 3 km dem Wegzeichen „L" (= Lindlarer Rundweg). Dieses Zeichen leitet uns zunächst über den dicht bewaldeten Hölzerkopf hinüber zum östlichen Kammrücken. Unterwegs verläßt uns dabei der Weg „A 2" rechts in Richtung Aggertal, bald danach zweigt links auch ein Abkürzungsweg zum Gasthaus „Bergische Rhön" ab. Wir bleiben dagegen noch $^1/_2$ Stunde dem Höhenweg mit dem „L" treu, schauen bald vom Ostkamm bis weit ins Bergische Land hinaus und verlassen erst 2 km später, bei einer großen Wegkreuzung am Waldrand knapp oberhalb der Eibach-Wiesen, den Rundweg mit dem Zeichen „L".

Dort biegen wir nun nach links ab, treten aus dem Wald hinaus und gelangen auf einem breiten Feldweg rasch hinab ins Eibachtälchen. Hier stoßen wir auf ein von Lindlar heraufkommendes Sträßchen und folgen ihm links,

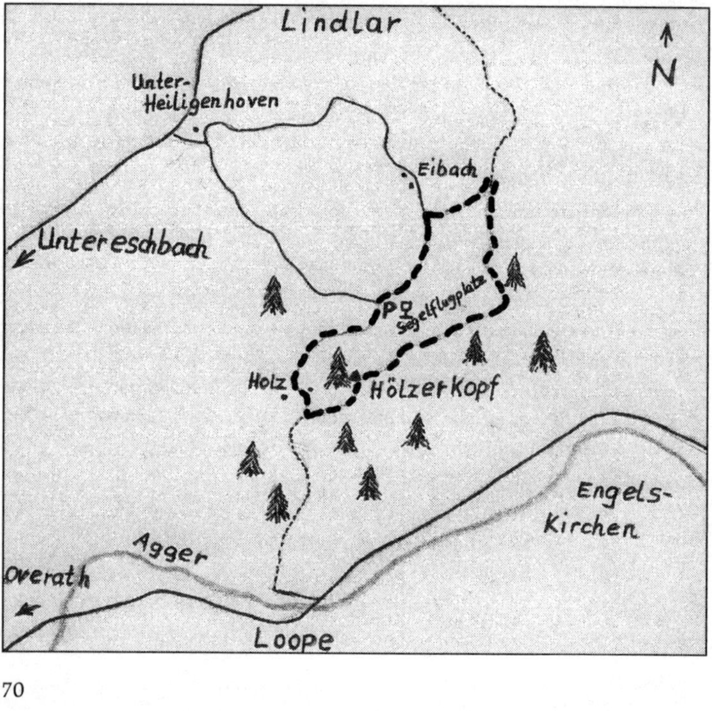

an zwei einzelnen Gehöften vorüber, wieder gut einen $^1/_2$ km durch die Wiesen bergauf, zum Gasthaus „Bergische Rhön" zurück.

Anfahrt: Autobahn A 4 (Köln–Olpe) bis Abfahrt Untereschbach; dann über Immekeppel bis 3 km vor Lindlar. Dort, in Unterheiligenhoven, rechts abbiegen und auf ausgeschilderter Bergstraße hinauf zum Gasthaus „Bergische Rhön".

Einkehrmöglichkeit / Tip: Nach der 5 km langen Rundwanderung erwartet uns im Gasthaus noch eine original „Bergische Kaffeetafel" mit Waffeln, Sauerkirschen, Milchreis, Zimt und Sahne. Dazu kommt der Kaffee aus einer typisch bergischen „Dröppelminna". (Das Haus lädt darüber hinaus auch zu Segelflugwochenenden [von April bis Oktober] und Ferienaufenthalten ein. Und in der Weihnachtszeit wird der Wanderer im Gastraum gar von einem „schneienden Tannenbaum" überrascht.)

Ins Wandergebiet der Wiehler Tropfsteinhöhle

Das oberbergische Städtchen Wiehl breitet sich südlich des Aggertales in einem zwischen Waldhöhen eingebetteten Talbecken des Wiehlbaches aus. Seine Ursprünge reichen bereits bis ins 12. Jahrhundert zurück, als der Ort im Schutze der Burg der Herren von Wyhle entstand. In seiner waldreichen Umgebung hat sich das sympathische Städtchen heute zu einem beliebten Luftkurort im Oberbergischen Land entwickelt, der mit Parkanlagen, Tropfsteinhöhle, Wildgehege und Aussichtsturm nicht nur ein paar Attraktionen besitzt, sondern aufgrund seiner 8 000 qm großen Dahlienkulturen auch weit über die Grenzen des Bergischen hinaus bekannt wurde.

Während der Blütezeit der Dahlien (von August bis Oktober) verleihen nicht weniger als 400 verschiedene Sorten dem Ort ein prächtiges Farb-Schauspiel. Zur alljährlich stattfindenden Dahlien-Schau lohnt sich daher ein Besuch von Wiehl allemal. Man kann hier aber auch zu allen Jahreszeiten eine schöne Wanderung mit einem Tropfsteinhöhlen-Besuch verbinden. Die Höhle befindet sich südlich, oberhalb der Stadt, an der Straße von Wiehl nach Nümbrecht. Was steter Tropfen aus Kalksinter zaubert, läßt sich auf einem fast 1 km langen Höhlenweg erkunden. Die im Inneren des Pfaffenberges, einem versteinerten Korallenriff, labyrinthartig verlaufenden Gänge sind mit ihren Kalksteingebilden für das Bergische Land eine Attraktion, auch wenn die Stalaktiten und Stalagmiten, wie die von oben herab und von unten hinauf wachsenden Tropfsteine genannt werden, in dieser Höhle bei weitem nicht die Größe und Farbenpracht der beiden größten und berühmtesten Tropfsteinkavernen (Atta- und Dechenhöhle im Sauerland) erreichen.

Wandervorschlag: Länge: 6 km
Reine Gehzeit: $1^1/_2$ bis 2 Std.
Ausgangspunkt: Wiehler Tropfsteinhöhle

Vom Tropfsteinhöhlen-Haus schreiten wir zunächst durch die Straßenunterführung zum jenseitigen Parkplatz hinüber. Dort beginnt ein markierter Waldweg, der mit dem Zeichen „A 2" durch ein stilles Bachtälchen leicht abwärts führt und bald darauf die Straße von Wiehl nach Elsenroth kreuzt. Jenseits gelangen wir über einen Wiesenhang am Westrand von Wiehl bergauf zum 260 m hoch gelegenen Aussichtsturm. 70 Stufen führen uns über eine schmale, steile Wendeltreppe im Innern des alten Steinturmes empor auf luftige Höhe. Ganz Wiehl liegt uns dort zu Füßen. Hinter dem Turm leitet uns das Zeichen „A 2" durch ein Wäldchen weiter. Später wandern wir über Feldwege und Wiesensträßchen, immerfort mit „A 2", in einem großen Linksbogen um das Dorf Groß-Fischbach herum, kreuzen nochmals die Straße Wiehl-Elsenroth und ziehen schließlich an den aussichtsreichen Talhängen hinüber nach Klein-Fischbach. Hinter dem Dörfchen kommen wir dann alsbald auf feinen Waldwegen zum Ausgangspunkt zurück.

Im Waldgelände – gleich neben der Tropfsteinhöhle – kann man zum Abschluß auch noch auf einem 1,8 km langen Waldlehrpfad an Wildgehegen vorüber spazieren, in denen sich Rot- und Damhirsche, Rehe, Muffelwild und Wildschweine tummeln. Für Kinder sicherlich die richtige Alternative zum Besuch der „Dahlienschau".

Tip: Nur 3 km südlich der Höhle liegt an der Straße nach Nümbrecht das schmuckvolle Schloß Homburg. Es ist Museum und Wahrzeichen des Oberbergischen Landes. Außerdem verkehrt an den Wochenenden zwischen Mai und September auf der Strecke Nümbrecht–Wiehl eine OBERBERGISCHE POSTKUTSCHE mit Halt an der Tropfsteinhöhle. Ein Postillion in der Uni-

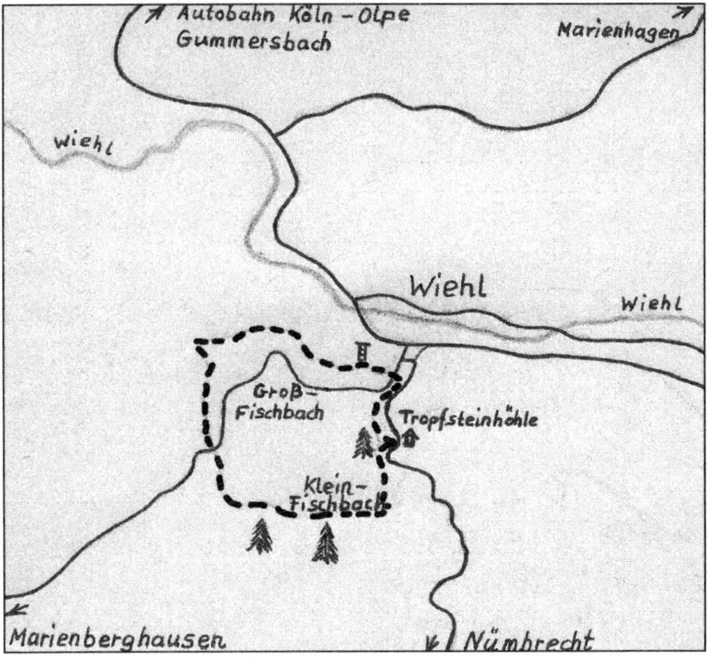

form der kaiserlichen Post um 1871 bläst zur Fahrt. Platz ist in der Postkutsche für neun Personen. Reservierungen bei den Verkehrsämtern Wiehl und Nümbrecht.

Anfahrt: Von BAB (Köln–Olpe) bis Autobahnabfahrt Gummersbach/ Wiehl; ab dort Richtung Wiehl-Nümbrecht bis zur Höhle.

Einkehrmöglichkeit: Waldhotel Hartmann neben der Tropfsteinhöhle

Sehenswert: Tropfsteinhöhle und Wildgehege (Tel. 0 22 62/90 22).
Öffnungszeiten der Höhle: 1. März bis 31. Oktober: 9–17 Uhr, 1. Nov. bis Ende Febr.: Sa. u. So. 11–16 Uhr.

Vom Ellberg-Turm rings um den Brucher Stausee

Im Herzen des Oberbergischen Landes, mitten in einer prächtigen Wald- und Hügellandschaft, liegt 2 km südlich des Ferienortes Marienheide eine der schönsten bergischen Talsperren: der Brucher Stausee (370 m).

Er dient nicht als Trinkwasserreservoir und wartet mit vielerlei Freizeitmöglichkeiten auf. So kann man hier z. B. von Ostern bis September Tretboote mieten, segeln, surfen und paddeln. Die gesamte östliche Seeseite wird von herrlichen Nadelwäldern gesäumt – einfach ideal zum Wandern.

Auf den ersten Blick würde man dabei gar nicht vermuten, daß es sich bei diesem schmucken See um eine Talsperre handelt, schon gar nicht um die höchstgelegene des Bergischen Landes. Zu malerisch schmiegt sich das ovale Gewässer zwischen die umliegenden Höhen ein und versteckt seine Sperrmauer ganz am Rande des Sees.

An schönen Sommertagen sind die Parkplätze in Seenähe meist überfüllt. Daher sollte man bei einem Besuch des Stausees an diesen Tagen bereits am Ortsende von Marienheide, auf dem ausgeschilderten Wanderparkplatz (gleich links der B 256) kurz vor dem Ellberg-Turm parken. Denn es bietet sich geradezu an, die schöne Rundwanderung um den Brucher Stausee gleich noch mit einer Besteigung des hölzernen, 177 Stufen aufweisenden Aussichtsturmes (392 m ü. NN) zu verbinden.

Da ist man wirklich überrascht, was sich aus den bescheidenen Anfängen eines Eremiten, der 1410 hier mitten auf der Heide ein Marienbild aufstellte und dann 1421 ein Dominikanerkloster gründete, im Laufe der Jahrhunderte entwickelte: Heute ist Marienheide ein schöner Luftkurort mit zwei Talsperren. Der Bruchersee ist bereits vom Aussichtsturm aus sichtbar. Er wurde in den Jahren 1912 bis 1914 als 46 ha großes Nutzwasserareal geschaffen. Sein Stauinhalt beträgt bis zu 3,38 Mio. cbm.

Wandervorschlag: Länge: 5 km
Reine Gehzeit: $1^1/_2$ Std. (einschließlich Turmbesteigung)
Ausgangspunkt: Wanderparkplatz Marienheide – Ellbergturm

Zu der 90minütigen Wanderung rund um den Brucher Stausee startet man zweckmäßigerweise gleich am Fuße des 30 m hohen Aussichtsturmes und wandert auf einem schönen Waldweg (Zeichen „A 7") in wenigen Minuten zum 1 km entfernt gelegenen Bruchersee hinüber. Am Minigolfplatz des „Waldhotels" vorbei erreichen wir sein Nordufer mit dem See-Rundweg.

Dort halten wir uns nun links und kommen durch lichte Waldstreifen rasch ins Brucher Tälchen zur 200 m langen Sperrmauer. Nach Überschreitung der Mauerkrone gelangen wir auf die Ostseite des Sees.

Zu Füßen des Gervershagen (448 m) gelegen bildet sie den landschaftlich schönsten Teil des Stausees. Hier wandert man wie im Schwarzwald durch einen würzigen Nadelhochwald und kann kaum glauben, welch lebendiges Treiben vom West- und Südufer aus auf dem See vor sich geht. Weiße Segelboote und bunte Surfer sorgen an warmen Sommertagen für ein farbenfrohes Bild.

Durch den vollkommen bewaldeten, 448 m hohen Gervershagen führt ein unterirdischer Stollen hindurch, der die Talsperre mit der Wipper verbindet, denn sie dient hauptsächlich der Wasserregulierung dieses Flusses. Auf dem 4 km langen Seerundweg ist von diesem Stollen allerdings nichts zu sehen.

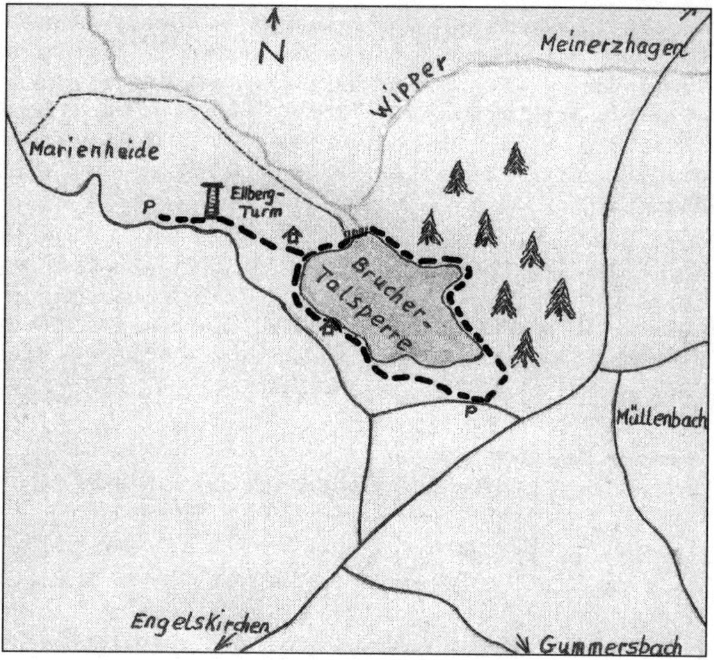

Der überall gut begehbare und vollkommen flache Weg zeigt uns dafür aber die breite Palette der Wassersportmöglichkeiten an diesem See, denn er führt an allen Freizeiteinrichtungen, Boots- und Badeplätzen vorbei und entläßt uns erst wieder in der Nähe des Minigolfplatzes zu unserem Rückmarsch zum Ellberg-Turm.

Anfahrt: Von Wipperfürth auf der B 237/B 250 bis zum östlichen Ortsrand von Marienheide oder von BAB (Köln–Olpe), Abfahrt Engelskirchen, über Bickenbach–Hülsenbusch nach Marienheide.

Einkehrmöglichkeiten: „Waldhotel", Café „Zum Bruchersee".

Rundwanderwege an der Aggertalsperre

Die Aggertalsperre zwischen Gummersbach, Bergneustadt und Meinerzhagen zählt zu den beliebtesten Ausflugszielen des Oberbergischen Landes. Mit drei langen Armen greift der Stausee bis weit in die bewaldeten Höhen des Bruchberges (405 m) und des Unnenberges (506 m) hinein und bietet Ausflüglern vielerlei Wander- und Wassersportmöglichkeiten.

An den Ufern der Talsperre in Lantenbach und Bruch gibt es darüber hinaus feine Badebuchten, teilweise mit Zelt- und Campingwiesen und auch Bootsanlegestellen. Und so tummeln sich an schönen warmen Sommertagen scharenweise Segler und Surfer auf der 142 ha großen Wasserfläche, denn die 19,3 Mio. cbm fassende Aggertalsperre ermöglicht vieles, was an zahlreichen anderen bergischen Talsperren nicht erlaubt ist.

Am Vorstaubecken der Talsperre in der kleinen reizenden Ortschaft Bruch befindet sich sogar ein eigens angelegtes schönes See-Freibad. Das Dörfchen besitzt am Ostrand des Vorbeckens auch die besten Parkmöglichkeiten; geradezu willkommen für unsere schöne Rundwanderung an der Aggertalsperre (Tour 1).

Dabei genießen wir unterwegs auch den Ausblick auf die gewaltige Sperrmauer: Ein 45 m hohes und 225 m langes Bauwerk, das zwischen 1927 und 1929 errichtet wurde, um die oberbergischen Industriestädte vor allem in der sommerlichen Trockenphase stets mit genügend Brauchwasser beliefern zu können. Zwei Turbinen sind darüber hinaus aber auch noch zur Stromerzeugung eingesetzt.

Eine äußerst markante, vollkommen bewaldete Halbinsel, die sogenannte „Burg“ (mit den Resten einer frühzeitlichen Ringwallanlage), teilt die Aggertalsperre in zwei lange Hauptarme. Der schildkrötenförmige, hügelige Inselrücken verleiht dem Stausee einen ungewöhnlichen landschaftlichen Reiz; einfach ideal für eine feine 4-km-Rundwanderung zwischen dem langgestreckten Genkel- und dem noch etwas wasserreicheren (Haupt-)Aggerarm (Tour 2).

1. Wandervorschlag: Länge: 7 km
Reine Gehzeit: 2 Std.
Ausgangspunkt: Badesee Bruch / Aggertalsperre

Vom Badeparkplatz der kleinen, zu Gummersbach gehörenden Ortschaft Bruch am Nordrand der Aggertalsperre folgen wir zunächst dem Zeichen „A 2" auf einer schmalen Teerstraße in Richtung Lieberhausen bergauf. Nach gut 1 km Wanderstrecke, noch vor Erreichen des kleinen Luftkurortes mit seiner berühmten „Bonten Kerk", biegen wir rechts ab. „A 2" führt uns nun wieder abwärts in das Tal der Bermicke. Dieses Bachtal durchwandern wir bis zur Einmündung in die Rengse. An ihr gehen wir dann rechts entlang, bleiben dabei aber immer diesseits des Flüßchens und sind binnen weniger Minuten beim kleinen Staudamm am Ende des Rengsearms, einem Zipfel der Aggertalsperre.

Uns zur Rechten erhebt sich der 405 m hohe Bruchberg, der sich zwischen dem kleinen Rengsearm und dem Haupt-(Agger-)arm bis weit in die Talsperre vorschiebt. Mit dem Zeichen „A 2" umwandern wir nun auf Uferwegen die Südseite des Berges und haben nun auf fast 4 km Länge die Fluten des Stausees zu unserer Linken.

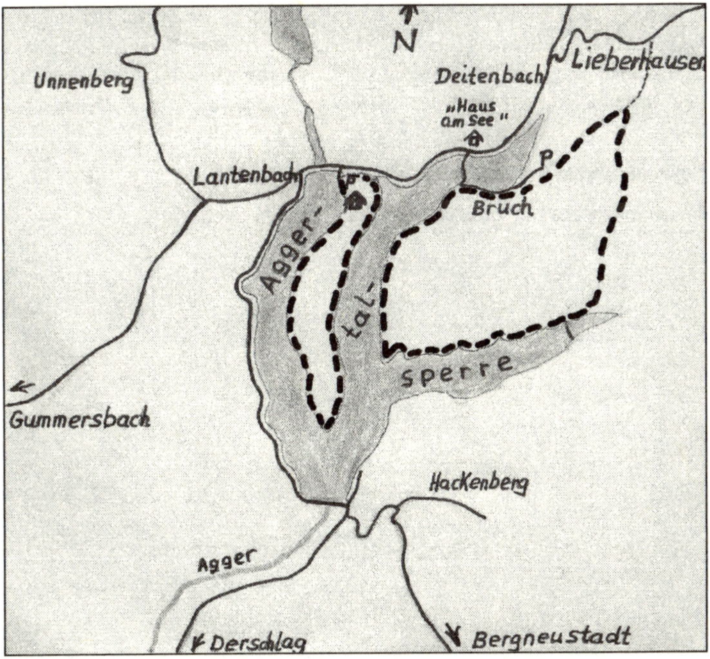

Zunächst laufen wir am Rengsearm entlang. Nach einer Rechtskurve geht es schließlich am Ufer des Aggerarmes weiter bis zum Vorstaudamm des kleinen Badesees bei Deitenbach. Bald darauf sind wir wieder in der kleinen Ortschaft Bruch.

2. Wandervorschlag: Länge: 4 km
Reine Gehzeit: 1 Std.
Ausgangspunkt: Ausflugslokal „Aggerseeterrassen" zw. Lantenbach und Deitenbach

Der Rundweg mit dem Zeichen „A 3" leitet uns von den „Aggerseeterrassen" durch Wald zunächst bis zur Spitze der Halbinsel, wo die beiden großen Talsperrenarme zusammenfließen (hölzerner Wetterunterstand).

Auf dem Weitermarsch blickt man dann aber auch noch in den kleineren Rengsearm hinein, der sich tief in die oberbergischen Waldhöhen einschneidet.

Auf dem letzten Stück leitet uns links ein Fußweg längs der Landstraße zum Gasthaus „Aggerseeterrassen" zurück.

Anfahrt: Von BAB (Köln–Olpe), Autobahnabfahrt Reichshof/Denklingen/Bergneustadt in Richtung Bergneustadt/Derschlag abzweigen. In Derschlag dann geradewegs durchs Aggertal über Dümmlinghausen zur Sperrmauer und anschließend auf der Seeuferstraße nach Lantenbach bzw. Deitenbach/Bruch

Einkehrmöglichkeit: 1. Vorschlag: „Haus am See" / Deitenbach.

Einkehrmöglichkeit: 2. Vorschlag: Gasthaus „Aggerseeterrassen".